冯仑：买房这些事儿

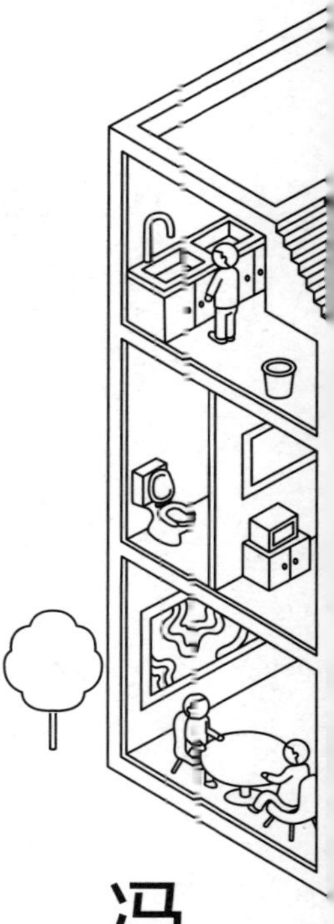

冯仑 著

中信出版集团 | 北京

图书在版编目（CIP）数据

冯仑：买房这些事儿 / 冯仑著. -- 北京 : 中信出版社,2019.7
ISBN 978-7-5217-0537-9

Ⅰ. ①冯… Ⅱ. ①冯… Ⅲ. ①房地产投资—中国—指南 Ⅳ. ①F299.233.5-62

中国版本图书馆CIP数据核字(2019)第086128号

冯仑：买房这些事儿

著　　者：冯　仑
出版发行：中信出版集团股份有限公司
（北京市朝阳区惠新东街甲4号富盛大厦2座　邮编　100029）
承 印 者：北京盛通印刷股份有限公司

开　　本：880mm × 1230mm　1/32　　印　　张：10.75　　字　　数：188千字
版　　次：2019年7月第1版　　印　　次：2019年7月第1次印刷
广告经营许可证：京朝工商广字第8087号
书　　号：ISBN 978-7-5217-0537-9
定　　价：58.00元

目　录

03 趋势与方向 051

04 税收与成本 071

05 数据与涨跌 089

06 判断与决定 / 109

07 时机与准备 / 129

08 借钱与算账 / 145

自　序

“房事”大于天

买房是个大事儿，大到这二三十年来，几乎所有的媒体每天每个版面都会提到这个事儿。无论是东南西北的中国人，还是来中国旅行的外国人，还是海外侨胞，几乎每个人都对中国大陆的房地产有莫大的兴趣。

这个事儿涉及每个人、每个家庭，也涉及一个人的一生，从童年的记忆到晚年的回想；这个事儿涉及 GDP（国内生产总值），而 GDP 涉及经济增长、产业结构；这个事儿也涉及社会的公平与安定。如果我们今天要找到一个能够涵盖这么多领域，而且重要到需要把它放在一个隆重的地方来讲清楚的词，几乎只有这么一个词——房地产。

1987 年深圳“第一拍”，一块土地进入市场，推动了国有土地使用权改革。自从 1998 年取消了房屋分配制度，采取市场化的住房解决制度之后，房地产逐渐作为发展城市经济的一个支柱产业而存在，房地产特别是住宅便成为我们整个经济生活当中的一个热词，也是一个让我们感到幸福、痛苦和困惑的词汇。我们买了房，当然算是快乐，娶妻生子，从此幸福地开始新生活。但是我们也会痛苦，因为背负房贷，有可能变成房奴。房屋变成了私产，人们因为房子结婚、离婚，因为分家产生纠纷，上演或滑稽或悲惨的故事。

从 1998 年到现在这 20 多年时间里，我们看到整个房地产行业有了巨大的发展，这个发展创造了一个奇迹。在城镇化的发展历史当中，我们 1978 年的城镇人均住房面积是 6.7 平方米，到 2016 年我们的人均住房面积到了 36.6 平方米。现在全国居民人均住房面积是什么水平呢？ 40.8 平方米。

由此可见，改革开放 40 年以来，我们感觉到的最大的变化、进步或者说幸福，就是房子大了。不仅自己家的房子大了，而且很多酒店、写字楼、医院、学校都大了。在这个过程中，我们既有满足又有兴奋，同时也有在这个行业中摸爬打滚多年带来的一种安慰，同时也有很多疑问。这个行业的发展实际上牵动了最主要的三拨买房者——所有想买房但买不起房的人，买了又跌了的人，买了又赚了的人。买房者在过去二三十年里，兴奋更多一点。他们在 20 年前买的房到现在少说翻了三五倍，翻个七八倍或者十倍也是有的，但是没买房的人又怎么样了呢？

在这二三十年里，我参加活动时，但凡见到一个年轻人或老人，口袋里有点钱或者很多钱的人，被他们问得最多的问题就是：什么时候买房合适？房价还涨不涨？一线城市的楼市发展怎么样？二线城市的楼市发展怎么样？公寓怎么样？住宅怎么样？经济适用房到底合不合适？廉租房到底靠谱不靠谱？我们该怎样排号申请廉租房和限价房？什么时候最适合用公积金贷款买房？未来我们有没有房产税？房产税出台之后我们有没有遗产税？这个房子到期了怎么续？这些问题不绝于耳，无论到任何地方，同样的问题几乎都会被提起。

所以在我从业的将近 30 年里，或者说我们在开发住宅产品、推动销售的时候，都面临着同样的问题。这些问题呢，非常有意思，都与买房的人有关。现在，第一批提问者可能已经老了，但新生的提问者仍然抱着期待在向我们发问。

第二类的问题与卖房的人有关，俗称开发商。开发商这二三十年问得最多的问题主要集中在：如何跟着政府拿地？土地管理的制度会怎么改？土地是租的还是私人的？可以拿到的是农村集体用地、城市里的划拨地，还是拍卖的建设用地？拿到了地以后怎么规划、报建、设计户型、研究产品，最后怎么销售？怎么样管理自己的团队，同时怎么样用好中介？怎么样打理新房二手房？怎么样使得住宅产品更丰富？除了小户型、大户型、豪宅、别墅、城市公寓、乡村廉价别墅等一些产品，开发商是不是也可以尝试一些度假产品？

那么，在这个过程中怎么经营和管理企业？怎么带团队？我们如何树立品牌，做好物业管理和客户关系管理？目前，开发商也都进入了我们所谓的后开发时代，市场发生了很大变化。如果说三年之前是开发时代，那么伴随着一系列因素的改变，比如人均 GDP 超过了 8 000 美元，城市的空间格局、交通格局基本确定，我们进入了后开发时代。另外，二手房已经超过了新房的市场销售量，新房二手房成交比达到 1∶3，现在北京、上海的比例甚至是 1∶5。

除了人均 GDP、城市的空间格局以及新房二手房成交比之外，第 4 个因素就是现在人均住房面积已经超过了 40 平方米。第 5 个因素是现在人口的净增长在一二线城市放缓，多数城市已经趋近于零，甚至是负增长。当然，其他一些因素，如社会心理预期、税收、利率、政策等也会有些影响，但上述的这 5 个因素导致新开发住宅的需求量、销售量都在减少。基于此，我们认为房地产进入后开发时代，后开发时代主要指向住宅以外的产品。如果说开发时代是以住宅产品为核心，以开发模式为主导，竞争之处在于成本、规模、速度，那么后开发时代的特点可以概括为全产品线、全价值链、全商业模式。

全产品线至少有 5 大类产品，包括写字楼、购物中心、物流仓储、医疗健康和教育研发。全价值链指从拿地一直到物业管理以及不动产金融化这一完整链条。全商业模式，指有卖房的、租房的、先租后卖的，也有先卖了再返租的，然后金融化不动产的创新模式也出现了。进入后开发时代意味着一个全产品线、全价值链、全商业模式的竞争。那么，在这个过程中又将有很多新的问题产生。不同类型的商用不动产开发有不同的问题，既有国际上通行的做法，也有我们国内创造的一些新模式。

除了买房和卖房的问题，这二三十年还有第三个方面的问题——来自政府的问题。政府在过去二三十年，最重要的作用是建立一整套可持续发展的房地产制度和政策，不仅要解决多数人住房的问题，也要促进房地产市场和建筑市场的充分发展，为经济增长提供动力和活力。考虑到我们取消了过去计划经济时代住房实物分配制度，所以政府有三个可选的政策方向，且更多地偏向市场化。

第一个可选择的政策方向是美国模式，在这种模式下，无论是什么样的房子，有钱的、没钱的，低收入的、高收入的，大部分住房需求都靠市场解决，市场解决不了的就通过一些金融手段（如次级抵押贷款），帮助穷人解决住房问题。

第二个可选择的政策方向是新加坡模式，80% 由政府提供价格区间稳定的组屋。20% 完全由市场去调节，叫私人房屋。组屋是由新加坡建屋发展局承担建筑的公共房屋，卖给多数的普通工作者。他们有公积金账户，可以拿到比较低的贷款利率，付一点首付就可以买得起房，而这个房子未来如果有所增值，那么他们也可以获利。但是，私人房屋不一样，完全由市场来调节。

你有钱创业，那么你就可以在私人房屋市场上满足需求，土地制度相应地也不一样。在美国模式下，土地基本上是私有，这意味着一些土地可以随意买卖。新加坡由于国土狭小，又要解决组屋问题，所以他们的土地中只有少量的是私有土地，而政府公开出让的开发房屋分为 99 年产权，999 年产权和永久产权。

第三个可选择的政策方向就是德国模式，以租赁房屋为主解决住的问题。一个人一辈子最多买一次房，而且不能通过房屋买卖获取暴利，也不能炒作，即“房住不炒”，更多的是鼓励大家租房。自 1999 年以来，政府根据不同的市场变化在政策上有所侧重，到现在为止更倾向于德国的“房住不炒”制度。那么，房地产市场在一定程度上也会受到抑制。

关于这三个方面的问题，我作为从业者必须主动回应的问题是前两种。我在过去二三十年当中不断地回应这些问题，感觉第一类问题的解答会满足买房者的需要。我现在把这些曾经回答过的、现在要回答的问题的解答和对未来可能有借鉴意义的想法，归拢、整理成这本书，就是为了回答买房者要问的问题。另外一部分问题与开发商、从业者、行业有关，我们笼统地将其称为卖房者，如果有机会，我希望未来也写成一本书。

在新的时代中，住宅进入一个“房住不炒”的阶段，整个房地产市场进入后开发时代。未来我相信房地产在住宅以外的市场空间、商业模式、金融服务以及创新发展当中还有巨大的空间，对于中国经济的成长，特别是消费升级，包括医疗健康、教育研发等方面来说，意义重大。我们这个行业继续存在 50 年、100 年没有问题。虽然我已经看到一些人开始在火星、月球和其他星球上设计房子了，但在有生之年我还是要在地球上做好开发房子的工作，回答好时代、行业和个人提出的这些问题。

01

心态与观念

买不到房的8种人

汉语有自己特殊的语言体系和表达方式。在汉语里面，我们把与房地产市场相关的一系列事情，简称为房市。这个词听起来有一点儿戏谑和不正经，因为它和“房事”的发音一样。

“房市”和“房事”的相似点不少，房市有高点、有低点，房事有激情、有平淡。房价涨跌，就像老公或老婆出轨，总是有迹可循。女人最喜欢问男人两个问题，一个是“你什么时候和我结婚”，另一个是“你什么时候给我买房”。

除了以上的相似点之外，在中国，房市和房事最类似的地方，是始终在折腾。尤其是中国房地产市场调控，好像男女谈恋爱，一边嫌弃一边给暗示，既在很多地方限购，又用信贷“放水”，让人摸不着头脑。

在密密麻麻、晦涩难懂的房地产调控政策面前，买房者往往既没有专业能力去理解，又没有那么多时间和精力去分析，也搞不明白调控的目的是什么，以及这中间又蕴含哪些机遇和挑战。

举个例子：这些年，国内有不少城市在执行“认房又认贷”政策，但是真正能分析清楚这5个字背后含义的买房者，并没有多少。

“认房”是认当地的房，还是认全国的房？不限购的商铺算房吗？“认贷”是认公积金贷款，还是认商业贷款？一个买房者在北京纳税不满五年贷款买的商住公寓，属于认贷范畴吗？两个不同城市的“认房又认贷”政策，是同一个标准吗？

连这些基础的问题都回答不清楚，就更难掌握“认房又认贷”通常是周期性限购措施，执行一段时间之后可能会被取消的知识点了，尤其是在限购取消一般不正式发文的背景下。

在很多人还没搞明白“认房又认贷”到底是怎么回事的时候，它又变了个新版本。几年时间，认和不认之间快速转换，这种政策转变带来的结果是：在人们来得及做出反应之前，房地产市场就已经转向了，房价又涨了一轮。

这个应用性很强的例子，是普通人在楼市调控面前无力感的缩影，它体现了中国房地产市场的复杂性、多变性。买房者每天醒来，一打开手机，看到的都是楼市新闻。一会儿黑天鹅，一会儿灰犀牛，一会儿又冒出一个楼塌了的灾难；有的人住新房，有的人被强拆；有的开发商一年销售额达好几千亿元，春风得意，有的项目烂尾，开发商跑路了。

在这种情况下，政府有必要就房地产的每一个新政开辟窗口，专门为民众解读政策执行细案和发布决议的初衷，而不是任由老百姓自己上网搜索新政如何实施，任由他们肆意猜测、恐慌。

任志强说过一句名言：“谁说调控是让每个人都买得起房子

的？”这句话充分体现了楼市调控的矛盾性。2018 年以来，我从“冯仑风马牛”这个平台上了解到一些让大家纠结的事情，比如是该观望到年底，等房价降一降再买，还是见好就收、适时抄底？诡异的是，房价如愿开始下跌，似乎并没有给大家减压，反而让买房者更紧张了。

在政府需要更关切群众切身利益，提供政策解读的同时，买房者也应该摆正一个观念：买房和投资需要建立正确的坐标系。买房是一个系统性的工程，需要紧跟政策、多加实践（看房）、精准分析、智慧决策。它不是一个一蹴而就的行为，需要我们坚定内心、科学对待。

我之前看到一个段子，说中国有 7 种永远买不到房子的人，分别是：永远觉得房价还会跌的人、永远比别人慢一拍的人、永远都不相信开发商和中介的人、永远看而不买的人、永远相信专家的话的人、永远都在等房价跌到谷底的人、永远想买十全十美的房子的人。

我觉得，还应增加第 8 种——那些永远把精力放在研究最佳购房时机，从不脚踏实地、具体分析自己购房需求的人。

脚踏实地、科学研断、暂且放下焦虑、正视市场，是跟上中国房地产市场的发展步伐，并最终有可能搭上财富升值列车的第一步。

你给房子送终，还是房子给你送终

最近几年，我一直在思考什么叫老。我于 1977 年考上大学，而 77 级到现在正好迎来退休的黄金期，周围很多同学都退休了。我是我们班岁数最小的一个人，暂时还不涉及退休问题。

但当身边人都在讨论退休和衰老的时候，我也不得不想想这件事了。《当你老了》这首歌火过一阵子，歌词凄凉哀怨，老人们听了只剩下哀怨。当你老了，头发白了，手没劲了，走不动了，是不是就离死亡不远了？

一个美国机构花了十几年时间统计全美养老大数据，包括床位的数量，养老住宅的情况，卖掉公寓的数量乃至每一栋别墅里到底住几个老年人，然后得出一个特别有趣的结论——不同年龄的人对老这件事的看法不一样。在中国，可能没人觉得老去是一件好事。这从侧面说明，中美文化差异确实很大。

在美国，像我这样五六十岁的人思想传统一些，觉得老就是衰老，意味着离开舞台中心，逐渐由演员变成观众，慢慢进入放弃、远离、衰弱、无奈甚至是死亡的状态。美国 80 后、90 后对老的看法却不一样。他们认为，当你老了，第一件事情应该是改变——改变不一定是坏事，也可以变得越来越开心。一个人在变老之前被迫上班、被迫做选择，老了就不用上班了，上班的时候劳心劳力，退休后就解放了。老和放弃不能画等号，老了代表终于迎来改变的契机。

中国正快速步入老龄化社会。到2020年，中国老年人口的数量将达到2.48亿，老龄化水平接近1/5，80岁以上的老年人口将达到3 067万；2025年，60岁以上的人口将达到3亿，而那时的中国将成为超老年型国家。每个人都不可避免地老去，我们要怎样度过剩下的时光，才能让自己有尊严、幸福地迎接高质量的生活呢？

我认识一名女性家长，50多岁了，普通工薪阶层，辛苦一辈子，到头来快退休了还得为儿子的婚房奋斗，要将“给房子送终”进行到底。可惜她的儿子不是很听话，经常惹她生气。她总和我抱怨指望不上儿子。她这种情况搁现在来说绝不是个案。

中老年人能不能给自己减负？除了要求他们调整心态，别凡事都想替儿女操心，恐怕还要提出一个问题：有没有可能改变你为房子送终的状态，让房子给你送终，让你余下的生命为房子所保障？

一般来说，中国人进入老年阶段以后能选择的住房模式，大概有4种。

第一种模式是买适合养老的普通商品房，在相对更适合老年人居住的房子里度过人生最后的时光。这样的房子和其他商品房相比没有什么特别之处，只不过刚好离医院近一点，生活配套设施完善一点，万一老年人生病或需要急救，能第一时间被送到医院，不至于延误救治时机。

中年人为父母换房，把没有电梯的换成有电梯的，把高楼层的换成低楼层的，甚至带院子的，把位置离自己远的换成离自己近的，都属于这种模式。整体上，这种模式依然停留在购买常规商品房的逻辑内。

第二种模式是住专业的养老公寓，也就是所谓的养老地产。真正的养老地产，一定要配备适老化硬件设施，充分考虑老年人身体机能和行动特点，实现无障碍设计，消灭台阶等。

一个成熟的养老地产项目，还必须引入专业照料关怀系统和急救系统，要给住进来的老年人分类——是完全健康的还是半自理的老人，是失能的还是失智的，对应入住类别。这种养老项目大多属于社区养老，提供日间照料服务、活动服务、康复上门服务。这一阶段的养老地产，“养老”重于“地产”，服务属性大于居住属性。

第三种模式是近来才开始在中国流行的“以房养老”，我更愿意称它“养房防老”。以房养老，就是老人将拥有的房屋抵押给保险公司，继续拥有房屋占有权、使用权、收益权和经抵押权人（即保险公司）同意的处分权，并按照约定条件领取养老金直至身故。换句话说，拿房子换“活”钱养老送终。

由于中国“4+2+1”的家庭结构（即夫妇 2 人共同赡养双方 4 个老人，同时还要养育他们自己的 1 个孩子）已经出现，在巨大的家庭压力面前，独生子女一代很难稳妥地靠夫妻两个人的力量，为 4 个老年人提供有保障的晚年生活，因为老年人的生活开销本身也不低。以房养老模式给这样的家庭搭了一把手。

以房养老是个新概念，实施方案让人眼花缭乱，再加上中国人对房子根深蒂固的情结，以房养老模式在国内并没有那么受追捧。我查看了一个以房养老项目的销售数据，发现在 5 个月的时间里，全国一共才有 12 户 22 个人签约。

第四种模式是在养老院养老，即在公办机构里养老，有点福利养老的意思。养老人和养孩子越来越像，孩子上学要排队、攀关系，老年人住养老院同理。据说在北京，一些公办的养老院需要排队 100 年才能等到一个床位，可能人都入土了还没排到，真是讽刺。我们的公办机构养老数量完全不能满足中国老人的养老需求。

中国老人的养老配套基础设施建设情况本身已经不容乐观，他们往往还喜欢给自己增加负担，在孩子找工作、婚嫁、生育等问题上，一个都不落下，要给孩子帮忙。老人也是人，人都有自己的喜怒哀乐和追求，上了岁数也一样。中国人为什么不能优雅、自在地老去呢？

不过，具体问题要具体分析。有固定的退休工资且金额不低的老人，可以租住在养老公寓。退休金覆盖租金，他们的生活压力也不大，并且不涉及大宗房产的买卖，他们可以放心地享受老年公寓提供的专业照顾。

更常见的方式是老人通过买保险或信托，成为一间老年公寓的主人。购买保险或信托的花费可能在几十万元，老人可以根据合同约定全部或部分提前终止，在获得资金收益或消费权益的同时，入住老年公寓。

资金收益包括基准收益和浮动收益。消费权益的意思则是，在认购养老消费信托后，如果老人选择不要资金收益，他可以拿到一张会员卡，成为养老公寓的会员，获得一系列养老消费权益，包括提前锁定养老床位，免费享受专业的养老服务，比如定期体检和治疗。和去公办养老院排队相比，这样的方式避免了一床难求的情况，但老人需要承担收益不稳定的风险。

老人也可以专门购买养老房产，拥有这套房子的产权，和一群老年人聚集在一个社区里，在世期间享受更符合老年人需求的居住环境。随着老龄化社会的到来，这种房子未来说不定会像学区房一样升值。

近些年，大健康概念越来越多地和养老、房子相结合。以前，中国人在生命的最后阶段才看病，几乎耗尽自己所有的积蓄。现在流行的是：在生病之前花 1/3 的积蓄养生，查出病来花 1/3 的积蓄治疗，在病后康复、疗养、养老阶段再花掉 1/3 的积蓄。大健康消费可以让你安享晚年。这种新的养老模式，需要不同领域共同参与。它离不开金融，离不开医疗，离不开保险，也离不开房地产。

时代正为人们提供更多的选择机会。每个人老去的时候，可以指望的不只有子女，还有房子和养老服务。人的命运最终掌握在自己手上，只要你愿意选择。

老是一个动词，这个动词的内涵是消费。年轻时不舍得花的钱，老了都得花了，要么留给子孙后代花，要么给自己花。老年群体应该变成一个积极消费人群。花钱带来快乐，花钱是一件快乐的事。

人的一生被太多东西束缚，在年轻时不快乐，因为不敢说错话，不敢办错事，不敢走错路，不敢爱错人。老了以后，反而不再惶恐至极，很多事情也都看得开了，意识到说错话、办错事、走错路、爱错人也是人生的一部分。随遇而安，随心而动。我 60 岁了，如果严格按照健康专家的嘱咐，虽然吃得健康，我却不开心。

老了，意味着有更多的时间去尝试新的事物，拥有更多的包容和体谅。老了等于再次选择，勇敢改变就是选择新生活的开始。虽然每个人都会变老，但是我们可以通过改善与房子和生活的关系，避免为房所奴役，从而安享晚年。

大城市一张床，还是小城市一套房

这几年有个辩论节目——《奇葩说》很火，很多 90 后都爱看。2018 年 2 月，在我的“风马牛一号”卫星（中国发射的第一颗私人卫星）发射成功之后，我去“奇葩”系列节目《奇葩大会》

录了一期，算是和年轻人亲密接触了一次。去之前，我特意温习了一下这档节目，记得有一位辩手在节目刚开播时说过：他的梦想是在大城市的一张床上，奋斗出小城市的一套房。

这句话很有深意，也很有趣。看完之后我就在思考，大城市的一张床和小城市的一套房，是不是真的不能兼得？谁都年轻过，现在的年轻人面对的诱惑和选择显然比我们当年更多。20多岁的人应该奔赴大城市，还是留在家乡呢？这既是一个哲学问题和价值观问题，也是一个地产问题和经济学问题。

这两年我开设了一档线上知识付费课程，叫“房事夜话”。有一次我浏览后台留言，看到一位年轻的朋友提问，他说自己在小城市长大，大学毕业后成为北漂一族，没有北京户口，工资也不高，爸妈辛苦打拼一辈子，为他凑了100多万元。这笔钱在北京只够一套位于六环的二手房的首付，在老家倒是可以买一套新房，问题是自己和女朋友常年不在老家住。他对自己的未来感到又困惑又不甘心。

能提出这个问题的朋友，大多是有一些积蓄、但积蓄不多的人。这位年轻网友的案例代表了不少80后、90后的现状。那些完全没有能力购房的人，无论是一张床还是一套房都买不起，不在这个问题的讨论范围之内，没有选择，就没那么痛苦。

我们来看一下国际经验：当人均GDP处于4 000~8 000美元的时候，房价每年一般都会上涨5%~10%。目前国内大多数二线城市的人均GDP都处在这个阶段，因此总体来看，房价还有上涨空间。当人均GDP达到10 000美元之后，房价上涨会趋缓，甚至停下来，这是目前一线城市楼市的现状。正是因为这个情况，在一线城市买房应该越来越慎重。考虑到房价已经不低，北京这样的大城市经常面临通过调控平抑房价的局面，非自住、纯投资的买房者需要格外慎重。

但要明确一点，好东西因为价格很高，涨价难，降价也难。虽然在大城市只能买一个放下单人床的开间或蜗居，但这笔投资背后的价值也高。越是在大城市，越有源源不断的刚进入社会的年轻人来接你一张床的盘。

再来谈谈在小城市买豪宅。在未来相当长的一段时间内，住宅都将会是中国经济发展的支柱产业，三四五线城市伴随着城市化进程，也会将房地产视为经济加速的助推力。这些城市的人均GDP 远远不足 8 000 美元，其房价有很大的上涨空间。

目前，中国三四五线城市的住房新增供应量越来越多，大型房地产开发商开始关心这部分市场，纷纷进入，不仅带来了投资热度、选择可能，也带来了更高端的产品线和更宜居的住宅类型。这对当地居民而言是一件好事。如果你能在这些城市买到品质较好、地处核心区域、交通便捷、配套齐全的住宅，未来升值是有保障的。

选大城市还是小城市没那么容易决定，买房者必须关注未来房价的变化走势才能有效地做决策。影响房价的因素，除了GDP，还有很多。

一个城市新房销量和二手房销量的比例，又叫新房二手房成交比，是评判房价会不会大涨的标准。举个例子，当下北京楼市成交 2 套房，其中 1 套是新房，另 1 套是二手房，新房二手房成交比就是 1∶1，即楼市达到了饱和状态。在纽约，新房二手房成交比大概是 1∶4，意思是纽约每卖出 5 套房，其中 4 套都是二手房，二手房成交量远超新房。这个时候，新房的价格想涨上去就比较困难。

如果一个城市的人口绝对值在减少，那么这个地方的房价就缺乏人口的支撑。反过来说，如果一个城市的人口每年都呈现净增长态势，那么这个地方的楼市就有希望。

房价预期、城市规划和其他偶然因素也会影响城市的房价。在一个新的政策出台以后，人才往往会集中跑到某个城市，使这个城市生活、工作的空间距离发生变化。大家对城市的未来发展充满希望，便会形成集聚效应，而房价预期就会随之发生变化。房价预期的改变将影响一个地区的供求关系，从而影响到住宅价格。

如果你有一笔钱，准备买一套房，把目标锁定在小城市，而影响小城市房价的又都是利好因素，那这就是一笔划算的买卖。但是，这笔买卖比在大城市特别是一线城市买房更划算的前提是，一线城市的高房价基本已经封顶。在一线城市房价封顶时入市，还不如在一线城市租房，把手中的钱投向二三线城市，买一套你可以长期拥有，面积不小且注定会升值的房子。

如果你更激进，也可以在四线城市的核心位置投资，那里的房价可能还不到 10 000 元 / 平方米。如果你有 100 万元，甚至可以使用住房抵押贷款加杠杆买到两三套房产。你还可以做资产组合配置，买一套住宅再买一套商住房，这种操作在未来带来的增值机会比单纯投资住宅更多，风险却更低。

当你把买房当成投资行为时，会衍生出无数种选择、无数种可能，买房变成一种有趣的事情，而你不用再纠结是在大城市蜗居于一张床，还是在小城市豪置一套房。

单纯从投资角度来看房地产，一切都会变得简单，因为这撇开了很多其他相关的问题，比如要不要结婚、要不要孝敬父母等。投资回答的是经济学问题，不是哲学问题。从经济学的角度看房地产，任何选择都是一笔账，只要是账，就有收益公式，利益都可以被精确地计算出来。

但从哲学角度来看，选一张床还是选一套房就是一道难题了。哲学理论中的辩证法说，任何事物都有它的两面性，所以哲学家讲不清楚选择这件事，而经济学家可以讲清楚。

考虑太多会让你无从选择。如果你在做房地产投资的决定时，能建立起经济学思维，很多问题就能迎刃而解。我在《奇葩大会》上为马东、蔡康永、高晓松他们讲述了我把“风马牛一号”卫星送上太空的事情，就是想说明一点——打破边界，利用全新的商业视角和方法论寻求人生的解法，你会发现更多选择和可能。

中国城市经济发展的新变化，给这个问题又提供了一个答案：除了大城市和小城市这两个选择之外，新一线城市的崛起，让大家有了折中的选择机会——在中型城市买一套房，可不可以？这就是第三种路径。

无论是在一线城市打拼的年轻人，还是在五六线小县城里希望再进一步的人，他们的就业和置业选择都可以与这些新一线城市衍生出全新的关系。

2019 年，入榜新一线城市的有 15 个，分别是成都、杭州、重庆、武汉、西安、苏州、天津、南京、长沙、郑州、东莞、青岛、沈阳、宁波、昆明。宽松的生活条件、良好的就业环境、不错的工作机会和收入，以及户籍倾斜、税收减免、医疗福利等政策，正让这些城市越来越受到关注。在这些城市生活、落户、买房，你买得起一套安身立命的房，也放得下一张滋养梦想的床。

学区房就是一面照妖镜

中国的学区房充分体现了楼市的魔幻现实主义。众所周知，北京市西城区的教育资源好，即便是一个坐落于破败胡同里的平房，占地面积还不到 10 平方米，也能卖出 500 多万元一套的价格，还一房难求！

家长们说了，北京的人大附中（中国人民大学附属中学）每年有 100 多位考生考上清华北大，一本率达 100%。相比之下，全北京市每年高考平均一本率才 24%，差的区平均一本率 10%。

他们都开玩笑说，人大附中的全名真应该改成“中国人民大学附属大学”！

砸锅卖铁也要买学区房的现象，在北京、上海这样的城市十分普遍。家长好不容易成为“帝都”“魔都”富一代或者负一代，谁都不愿子女落于人后。下一代的竞争大战提前上演——从胎教学英语、听莫扎特，哺乳期吃国外代购奶粉，再到上学择校，每一阶段的竞争达到了极致。

房子不仅绑架了中国人的婚姻，也绑架了中国的家长。问题是，为了这笔看上去不划算的买卖，家长们真的有必要砸锅卖铁，付出这么大代价吗？

我去过世界上很多地方，发现住房问题是一个普遍的矛盾。国外的年轻人也同样焦虑要租房还是要买房的问题，国外的家长也望子成龙、望女成凤，纠结要不要买学区房。

宝岛台湾的居民虽然也是中国人，也说中国话，但跟我们看待事物的角度确实很不一样。在台湾旅游的时候，一位当地大姐的选择给我思想上带来了不小的冲击。这位大姐是我爬玉山时的向导，她租房快20年了，有3个孩子。按照大陆家长的想法，在有了孩子后，家庭的居住环境应该更稳定，怎么还可以继续租房呢？而且这3个孩子都在上学，是不是要考虑买学区房？

绝大多数大陆家长认为，孩子上不了好小学就上不了好初中，上不了好初中就上不了好高中，上不了好高中怎么考上清华北大，出人头地，孩子将来怎么继续给他们的下一代买学区房呢？

这种生活状态真的很可怕。看上去，我们上学就是为了找好工作，找好工作是为了赚更多的钱，赚钱就是为了买房，最好买一个学区房，然后让下一代上好学校，上了好学校之后找好工作……循环往复。

结果这位大姐的态度让我很意外。她轻描淡写地说，自己不买房，也不会买学区房，原因很简单——她自己买不起，她老公也买不起。

我问大姐："那你的小孩怎么办呢？"大姐看了我一眼，说："那是他们的命，让他们自己去想。"

这位大姐让我反思：学区房究竟是什么？为什么大陆家长这么累？其实学区房的本质是社会精英化分层，学区房稀缺的背后是优质人才、优质教育、优质居住资源的稀缺。

为什么政府再怎么谈整合学区，加大对教学质量薄弱学校的扶持力度，促进义务教育均衡发展，降低择校需求，学区房依然火爆？原因就在这儿——学区房不是一个普惠制度。北京这个集中了全国最优质人才、教育、房产的城市，势必需要通过竞争将最宝贵的资源分配给资质最好的人，它的筛选标准，往往就是户口、房价、贷款能力，甚至包括学区房。

大陆家长每天因为学区房闹心，为了能给孩子抢到最好的教育资源而委屈自己。按道理说，西城区的破平房能住人吗？哪怕每平方米十几万元的胡同过道可以落户上学，理智地想一下，能买它吗？它就不该出现！但是它不仅出现了，还真有人买！

台湾的学区房也很贵，与周边房产的差价能达到 10%~20%。

即使在台湾楼市行情接近平稳甚至有所下滑的情况下，台北市排名前 5 的小学、初中周围的学区房仍有 7%~15% 的涨幅。台北市最贵的学区房是小学学区房，每平方米的价格也能有二三十万元新台币（4 万~7 万元人民币）。

无论在世界上任何地方，学区房都是特定的人生阶段带来的特殊需求，家长疯狂起来都是一样的。人口结构和教育资源的不匹配，导致学区房产生畸形的价格上涨。只不过国外的学区房大多是私产私权，人家抢学区房是为了让孩子上好的私立学校，我们现在抢的是好的公立学校资源。其实没有太大区别。

学区房究竟价值何在？归纳起来不过是：学区名额、周边环境、房产升值。人聚集的地方就有竞争，房子就会稀缺，学区房的商业逻辑正是供求关系不平衡带来的价值和升值。不是人人都有资格抢学区房，它也不是必须有的事物，有能力的人自然可以买，但能力不足的人也不必唯学区房马首是瞻，心态要平和。

在台湾小住的那段时间，我印象最深的是台湾人价值观念的多元化——台湾人越来越意识到成才的路径有很多，不只有学区房一条路。大陆的家长尤其是北京的家长好像就听不进去，在他们眼里，房子最重要的就是其商品属性，它可以占据上学名额、可以用来投资，唯独不是用来住的。

我有一个老朋友在西安，他的女儿 28 岁，刚谈恋爱还没结婚。我的这位朋友原来想在西北大学附近买房，想来想去最后去了西北工业大学附近。我问他："为什么要在西北工业大学附近买房？"他说："买西北工业大学学区房，小孩未来可以上西北工业大学附属的学校。”

我当时就嘲笑他，未免计划得太早了！闺女结婚、怀孕，哪怕今天就办这些事，小孩上学最早也是七八年以后的事了。这期间，女儿女婿努力赚钱，也可以选择直接把小孩送到国外最好的学校读书，问题一样都解决了。

鲁迅先生说，其实地上本没有路，走的人多了，也便成了路。在购买学区房这条路上，走的人多了，反而把路挤得水泄不通，倒耽误了大事。

教育孩子最重要的是什么？塑造健全的人格，培养良好的品行，给他快乐和自由。家长散尽财富买了一套学区房，孩子若品行不端，违法乱纪，学区房又有什么用？学区房不是孩子成才的充分必要条件，因小失大的家长是不明智的家长。不懂得管理欲望的家长，最终可能会把孩子逼上绝路，而孩子却不懂欲望的危害性，所以家长更要学着管理欲望。

人类和外部世界的联系，最终都是成本和欲望的斗争。学区房就像当代中国精英社会的一面照妖镜，它既照出了现实的畸形，也照出了每个人的心魔。

买房可以买来幸福吗

薛之谦和前妻高磊鑫复婚的新闻刚被报道出来的时候，有网友戏谑地说，这对夫妻可能从来都没有感情危机，人家离婚估计是为了买房。

网友是这么推断的：二人离婚 2 年后，薛之谦就具备了楼市调控后购买首套房的资格，还可以享受首套房贷利率优惠；离婚后，薛之谦在上海买了一个核心位置的顶级豪宅项目。没过几年，豪宅交房，房产证到手，薛高二人顺理成章复婚。在网友眼里，明星买房也没那么容易，就像薛高二人“假离婚”也是为生活所迫，不得已而为之一样。

薛之谦离婚到底是不是为了买房，不得而知，但我能感受到网友吐槽背后的复杂情绪。这几年，无论是买房的、卖房的，还是租房的，有房的还是没房的，每个人提到房价、房票[①]，都是一张苦笑脸，一把辛酸泪。

北京之前房价大涨的时候，一家知名中介公司成功以高价出

① 因拆迁或政策限制而获得的购房优惠资格，即房票。——编者注

售一套位于西二环外的房子。一套66平方米的二手房，签约单价竟然为每平方米13.5万元，总价达891万元。

这套房子的成交金额被截图转发在微信朋友圈。大家一看这张图，心中五味杂陈。西二环的位置听上去不错，但这个小区建于20世纪60年代。按70年产权计算，这套房子已经快60岁了。什么概念？还有10年，房屋使用年限就到期了。

一栋20世纪60年代设计、建造的楼，在21世纪的今天，究竟是怎么卖到13.5万元/平方米的？

在房价面前，人们敏感的神经又被戳了一回。

一提到房地产，很多人就觉得不幸福。没房的人不幸福，因为收入追不上房价。有房的人也不幸福，眼看着房子升值，但好像和自己没什么关系。以往见得最多的情况是，在高房价面前无力承担房款的年轻人自怨自艾，然而这一两年来，中产阶层也加入了焦虑大军。

中产阶层为何焦虑？自己多年前购置的房产的价格虽然随着大势一路飙升，在大城市，一套大面积的房子挂牌也能卖到1 000万元，但这种上涨是伪概念，因为他的家庭名下只有这一套住房，而且并不打算卖掉。或者，卖掉后要换的房子成本更高，房子升值不过是伪升值。

人们提到房子就焦虑，大概是心态出了问题。

那些名下有多套房产的中产阶层，当年买房时，他们也曾感到幸福。如果他们现在把房子卖了选择租房，那么可以再幸福一次。

对那些买不起房的人来说，踏踏实实地租房有什么不好？现在长租公寓市场发展良好，线上看房、线上交租金，房源照片也都是真的，租房难道不幸福吗？租房者一边好好赚钱，一边好好享受租房生活，等钱存够了，终于买得起房，就可以开心地告别租房生活，喜迎买房生活。

内心自由的人才会与自由相遇。第一种人，明明房产挂牌能卖到 1 000 万元，如果他永远是买房思路，永远不会开心。稍微转换思维，把房子卖掉变现，他就可以做其他事情，人生的丰富性、趣味性、可能性截然不同。

拿我来说，如果我是第一种人，我马上把价值 1 000 万元的房子卖掉，租一个比原来更舒服、更高档的房子住。和房价相比，这么多年北京的租金上涨幅度有限。一线城市租售比非常低，第一种人完全可以用租房的方式换一个比以前更高档的房子住。

卖了房子以后，是不是可以用这笔钱灵活投资，买点债券，或者做天使投资？在大众创业、万众创新的时代，投资渠道真的只有楼市和股市吗？当然不是。不过前提是你得具备理财能力，擅于跑赢通货膨胀。

当大部分人都走同一条路，且人人走得都很辛苦时，是不是代表那条路可能有问题？中国人每天被房子问题困扰，感受不到幸福，是因为追求幸福生活的方式错了。

买房归根到底是在追求三个方面——幸福感、自由度和安全性，这三点分别对应的是居住体验、产权拥有和财务稳健。买房者搭上了财富升值的列车，心里有了安全感，便踏实多了。可是他们手里的活钱少了，不自由了。租房者能够享受更灵活、更自由的生活，可是安全感差一点。怎么解决这个问题呢？租的时间长一点嘛。签一个长期租约，一下子租10年，即便租金上涨，也和你没太大关系。

归根结底，每个人都有追求幸福生活的权利，也要找对追求幸福生活的方式，要把幸福、自由和安全三个因素结合好。我并不是说买房有问题。背一点贷款其实并不是坏事，对年轻人来说，贷款是改善生活的杠杆，也会激发工作的动力和创业的热情。我想说的是，我们每个人都要在有限的人生中尽可能更智慧地把握前进的方向，尽最大努力去触摸幸福。

幸福的第一重境界是吃饱饭、睡好觉。但达到这种最低境界其实也不是特别容易的事情，很多人一生气就不吃饭了，喝闷酒，睡不着，真要活到没心没肺、能吃能睡也是了不起的心态。

幸福的第二重境界是当个正经人，正常过日子。人活着靠本能，该正经的时候正经，生活该正常的时候让它保持正常，这就很幸福。做一个正常的俗人也没那么容易，需要修炼角色转换能力。

幸福的第三重境界是明是非、辨善恶。释迦牟尼和孔子都有一套是非善恶标准，他们都是按照自己的标准行事的人。人之所以有烦恼就是因为被是非善恶左右，因此我们需要树立一套自己的是非善恶观，不受外界标准干扰。这样的活法会很舒服。

有多少幸福可以重来？确实可以重来，只要解放自己，奋斗的目标不是只有买房这一种。另外，千万别光看别人怎么做，还要听自己内心怎么说。

想算清买房的账吗？在那之前，最重要的是学会算清这笔有关幸福的账。

男性买房 vs 女性买房

俗话说，女性是男性永远的老师，在买房这件事上也是如此。在买房这件事上，男性受两个女性的影响最大，一个是他的老婆，另一个是他的丈母娘。

台湾电影《那些年，我们一起追过的女孩》里面有句台词，女孩永远比同年龄的男孩成熟。男性不管长到多大岁数，始终像个孩子，他们不把结婚当作决定自己一生的事。女性相对慎重，确保安全再行事；男性相对草率，出了问题再想辙。

在买房决策这件事上，女性越来越具备主动权。在教育子女、经营婚姻、操持家庭这些方面，女性的付出也不比男性少。我之前看到一些调查数据，觉得很有意思。

某一年的妇女节前夕，网易房产发起了一个网络民意调查，调查的主题是女性消费与房子。数据显示，名下有房的女性比男性多，其中女性公务员有房的比例甚至高达 82%。女性普遍认为房产比存款更能带来安全感。从这个角度来看，这个数据应该是值得信服的，当然也不排除一部分男性愿意把房子的产权登记在女性名下。

在消费支出方面，男女的差异非常明显。女性每月的三大支出方面分别为住房、理财和购物，其中住房支出排第一，占总支出的 14.75%。在男性的支出份额里，储蓄理财排第一，占 14.92%，住房排在第二，占 13.34%，男性不喜欢“买买买”，他们更喜欢吃喝，吃喝占去了收入的 11%。

网络调查显示，近几年希望另一半准备房子的女性仅占 20.9%。原因可能是房价太高，完全让男方买房不现实。在一些城市，女性出嫁的标准已经改为男方付首付，双方一起还月供。可见在房价过高的时代，无论是老婆还是丈母娘，两位女性都更为体恤男方了。

有趣的是，男性希望另一半有房的比例却达到了 33.1%，对对方买房的期待，出现了男女掉转。女性正在越来越独立，变得不再苛责男性买房，转而自己努力买房。

另一家媒体的调查显示，有 70% 的网友认为，女性有自己的房子才安全；26% 的网友认为，买不买房都无所谓；只有 4% 的网友认为，男性买房天经地义。可见，越来越多的女性追求有一套自己的住房，这样才更有安全感。

再来看北京。伟业我爱我家集团的市场研究显示：在 2017 年的买房者中，女性占比达 46.5%，男性占 53.5%；在租房人群中，女性占比达 44.6%，男性占 55.4%。无论是买房市场还是租赁市场，男女比例基本持平，女性只略少一点。

在年龄结构、区域分布等方面，女性大都表现出和男性一致的特征。不过从数据细节来看，还是存在一些微小的差别。比如说，女性在购房时更偏爱小户型。2017 年，在女性买房者中，选择一居室的占 26%，选择两居室的占 53.5%，选择三居室的占 18.3%。而在男性买房者中，这个比例分别为 21%、56.5%、20.6%。女性对一居室的认可度高于男性。

此外，研究显示，女性的买房决策周期更长。2017 年，女性买房决策周期在 1~40 天的占 46.2%，男性则为 47.9%。女性买房决策周期在 40 天以上的占 53.8%，男性则为 52.1%，女性较男性高出 1.7 个百分点。也就是说，女性的决策时间会比男性要长，这也从侧面反映出女人更慎重，男人较草率。2015 年、2016 年，女性决策周期在 40 天以上的比例也都高出男性 1~2 个百分点。

此外，女性在购房时更偏爱全款支付的方式。2017 年，33.8% 的女性在购房时选择全款支付，而在男性中，选择全款支付的比例仅为 30.5%。女性的风险偏好低，在购房时，她们更乐于全款支付，当然这与她们偏爱总价相对更低的小户型也有关系。

在租房领域，女性与男性也存在一些不同。2017 年，女性租客中选择合租的占 53.6%，整租的占 46.4%，男性则分别为 50.4% 和 49.6%。在合租方面，二者相差 3.2 个百分点，女性明显比男人更加喜欢合租。

女性在租房时偏爱中等价位，偏爱合租，但是女性支付的租金并不比男性低。2017 年，绝大部分租客的每月租金都在 1 000 元~6 000 元，2 000元~3 000 元的最多。但是，只有在 1 000 元以下和 1 000元~2 000 元两个租金段内，女性比例低于男性，分别低 0.8 个百分点和 1.5 个百分点；而在 2 000 元以上的各个租金段，女性所占的比例高于男性，或者持平，其中在 2 000元~3 000元的租金段，女性比例要高出男性 1.3个百分点。也就是说，女性其实偏爱房价略高的出租房。

女性在租房时偏爱品牌公寓，与选择租金更高的住房相呼应。在各种长租公寓、品牌公寓兴起后，女性的选择比例也高于男性。2017 年，仅有 28.8% 的女性选择租赁普通住房，71.2% 的女性选择品牌公寓，而男性选择品牌公寓的比例则为 68.5%，少于女性 2.7 个百分点。

这些细微的差别，体现了男性和女性的不同。女性更多地选择安全性、舒适性高，同时户型偏小的住房，但男性更激进，容易快速做出决策，喜欢户型偏大的住房。了解这些细微的差异和区别，让男性更懂女性，也让女性更懂男性。在相互了解的基础上，很多矛盾和问题便迎刃而解了。

02

政策与调控

中国楼市的无规律调控

一般的经济学理论根本无法解释中国的房地产价格走势。很多人说，深圳、北京、上海的房价已经完全打破经济学常识。中国楼市越是被调控，房价似乎涨得越快，从2003年开始，中国房地产市场价格基本保持了连续14年上涨不跌的神话。

在2017年楼市调控之后，北京和其他几个大城市的房价跌了，而且下跌得惨重了一些。一些人在调控政策发布的前几天买了房，就此被套住。房价上涨，很多人不开心；房价下跌，同样有很多人不开心。如果放眼全国，中国的总体房价在2017年调控之后反倒上涨了。所以，住宅调控政策并没有减少人们的抱怨。

我称中国房地产调控的模式为“无规律调控”：在调控密集的时候，一个月来一次，甚至半个月来一次，也有三个月来一次的紧急时刻，可能每半年也有一次大调控。

梳理一下中国楼市调控史，我们就可以发现：在2004年土地出让市场化改革以后，大型的房地产调控一共有4轮，分别在2006年、2010年、2013年和2017年，大致对应房地产市场每3年左右出现的“小周期”特征。对民众影响比较大的，还有大调控里的小调控。大调控定方向，而定了调子后实施的小调控，会在执行层面影响到每个人。

很多人对频繁的“国字头”调控都不陌生：2005 年 5 月的“国八条”，2006 年 5 月的“国六条”，2010 年 4 月的“国十条”，2010 年 9 月的“国五条”，2011 年 1 月的“新国八条”，2013 年 2 月的“新国五条”，2015 年的“330新政”“930 新政”，2017 年的“317 新政”，等等。

后来，中央不统一正式发文了，改由各地政府自己制定楼市调控政策。从调研、制定政策到实施，地方政府的操作更灵活，调控频率越来越高，无规律调控出现得越来越频繁，“京八条”“沪九条”“苏十五条”“津十六条”等搞得大家都很崩溃。

中国房地产行业进入市场化发展 20 多年，经历了多少次调控，根本数不清。为什么人们还是抱怨房价高？因为大大小小的调控策略和方法，实际上在相互影响，上一次调控的效果也许很快就被下一次的调控抵消了。

全世界的房地产发展模式总共可归纳为三种：美国式、新加坡式、德国式。美国楼市 100% 靠市场去推动、调节，政府极少主动干预。新加坡楼市的发展，20% 靠市场调节，80% 靠政府调控。德国楼市的 60% 是福利住房，留出 40% 的市场空间；他们大部分人都去租房，在房子上赚钱的概率大大降低。美国模式的核心是市场解决一切。新加坡模式把两条路分开，该政府保障的归保障，市场的归市场。德国模式类似于我们现在熟知的“房住不炒”。

绝大多数国家的楼市发展或者说调控都可以归到这三种模式上。这三种模式也造成很有意思的现象。德国由政府福利制度主导，所以一个拥有 8 000 多万人口的国家却没有什么大型房地产企业。中国香港虽然只有 700 多万人口，但它采用美国模式，所以拥有众多大型房地产企业；即便按照新加坡模式（只给 20% 的市场空间）的比例计算，香港的开发商数量也比德国多。

中国楼市调控政策在不同模式间转换，尚不稳定。

开发商什么时候开盘，到底要不要拿地，拿多少地，为谁拿地，这些方面应该由谁决定，政府还是开发商，这个问题需要回答清楚。中国楼市调控的初衷是好的，但房地产经济这样的微观行为很难把控。如果政府在微观细节上管得太多，一来，开发商没了积极性，二来，买房者也蒙了。

想兼顾每次楼市调控的目标和原则，是不可能的。如果方向定了，无论采用哪一种调控模式都是可以的。就怕无规律调控把一个好好的楼市，搞得“内分泌失调”，房价反而越调越高了。任志强之前回答网友问题时说，他不认为在他的有生之年能看到房价大幅下降的情况。调控次数过多，系统就紊乱了，这就是后遗症。归根结底，中国的房地产市场太需要回归健康的状态了。

另外，我一直觉得，房地产调控这个说法有问题，应该改成住宅调控。住宅交易市场必须调控（现在住宅只占到增量房地产的 50% 左右），而房地产必须成为城市化发展的支柱产业，这样的表述才准确。如果进行楼市调控，那么我们要时刻牢记城市化最重要的特征之一就是空间集聚。

城市化究竟是什么事？我觉得有一个提法非常简单，就是集聚——第一是空间集聚，第二是产业集聚，第三是人口集聚。与乡村相比，城市没有集聚效应就不会有所谓的城市化。房地产行业扮演给城市化按摩、主管城市空间集聚和服务产业集聚的角色，最后让人口聚集得更舒服。

政策制定者在盯着住宅那部分楼市的时候，也应该把精力匀到房地产行业的其他细分领域来。在一个城市里，房地产可以实现 120 多种功能，它是全业态的服务，不只有住宅。其他领域的问题解决好了，比如为发行 REITs（房地产信托投资基金）铺路架桥，反过来也可以解决居住痛点。如果开发商集中实现长租公寓资产证券化，中国租房的年轻人一定会居住得更幸福。

解决房价问题不看市场，看市长

中国楼市真正进入市场化发展，也就二十多年的光景，正值“青春期”，它总会遇到点小毛病。中国的房地产问题，就像少女脸上长的青春痘，等一段时间它自己就会消下去了。只要扛住了，痘可能就没有了。对待青春期问题，我们要观察、要鼓励、要有耐心，不能急。

中国楼市其实没有病，就算有病，也只是青春期的小病。逻辑非常简单，中国的人口结构呈倒金字塔形状，再过十年二十年，当现在的几亿老人去世后，房子的供需矛盾迎刃而解。政府如果把它当成急病，动不动就出台新政，最终会导致房地产市场"内分泌失调"。非要"看医生"的话，我们得把中国楼市当成一个综合系统，慎重分析，对症下药，标本兼治。为了让楼市结束"青春期"，进入良性发展的新阶段，长效机制是解决调控太频繁这个顽疾的终极方案。

什么叫长效机制？官方说法是深化供给侧结构性改革，激发各类市场主体活力，实施乡村振兴战略，推进区域协调发展，推动形成全面开放新格局，提高保障和改善民生水平，加快住房制度改革和长效机制建设，提供更多优质生态产品。长效机制名字里带着"长"字，但它不是一成不变的，所以我们着眼要长远，调整要及时、到位，并不断完善，最终实现我们的目标。

长效机制的决策智慧和实施情况，就是市长的 KPI（关键绩效指标）。解决房价问题不该看市场，而要看市长。之前，全国人民代表大会的调查显示，地方政府在兑现保障房工作目标的时候只完成 26%。如今大环境变了，限购、限售、限贷、限价这些政策都相继出台，我们终于等来了因城施策，满足无房家庭住房需求，租购同权，租购并举，遗产税，房地产税等方方面面的动作。政府终于找到了问题的症结所在。不是所有责任都在开发商，对于建立机制，保障和解决基本住房需求，市长和政府也要扛起这个责任。

台湾有个根据绘本改编的电影叫《向左走，向右走》，说的也是类似组成长效机制的政策方向问题。大家出门上车时，政府好比交通协管员，要指挥、疏导交通，防止车辆都堵在一个方向，造成混乱。有往东的上左边这辆车，往西的上右边这辆车，就不会出现问题。

长效机制发挥作用，需要中国同步推进住房制度改革。棚户区改造和共有产权房制度的建立都是底层积累。“治病”是一场战役，空中力量与地面部队要协同作战，只有这样，我们才有可能打赢这场仗。中国楼市不再像以前那样起起伏伏、迈一步退两步之后，量变就会引起质变。当买房、住房的预期和消费行为随之改变后，长效机制就会促使房地产领域的个人理财投资转移到其他领域去。如果能够长期坚持这样一种共同的预期，这个行业就会朝着一个持续健康的方向发展。

向新加坡学调控智慧和社会公平

我曾经有一段在新加坡学习的经历。除了收获知识，认识很多优秀的同学之外，更重要的是近距离感受到了新加坡政府在房地产政策制定，依法治国，社会管理等方面过人的智慧。

作为一个华人占总人口 70% 多的亚洲国家，新加坡的城市发展经验，特别是在人口密度超过中国的情况下，解决住房问题和城市规划建设问题，以及发展房地产的经验，都值得我们关注，也应该给我们带来启示。

实际上，新加坡并不是全世界房地产发展水平最高的国家。我出国的次数很多，对美国房地产模式最认可。美国房地产走得最靠前的领域，主要集中在住宅以外的商用不动产的细分市场，包括五大类市场：写字楼、购物中心、医疗健康、物流仓储以及休闲度假地产。从这几大门类市场的发展来看，美国的经验无疑是全球最值得关注的，也是市场门类最丰富的，另外在房地产金融和房地产科技这两个方面，美国也是最有经验的。新加坡在这些方面不是强项，但是新加坡有它自己的强项，它最大的强项在于以下方面：

首先，新加坡政府很好地解决了“如何让中低收入人群住上房，甚至拥有一套房子”这个最困难的问题。新加坡模式是 80% 由政府提供政府组屋，20% 交给市场去做，后者叫私人房地产。新加坡政府把这套政策制度坚持了 50 年，使得大部分人住上了“政策房”，很好地解决了买房难问题，其公共福利制度堪称成功。

其次，新加坡特别值得学习借鉴的，还有开发商怎么由单一住宅开发转向商业不动产开发，同时又能够比中国香港的开发商转型的时间更短、更有效率。比如，香港的新鸿基地产通过以售养租，慢慢地走之字形路线，用了 10~15 年逐渐完成转型，业务布局大致上是一半住宅，一半商用不动产。但到了新加坡，最典型的是它的政府企业，特别是凯德集团。凯德集团的转型很好地借鉴了美国 REITs 的方法。它把不动产金融的经验与单一开发商的传统开发经验相结合，运用纵向基金和横向基金结合的方式推动企业转型，仅仅用了 7~10 年的时间就很好地完成了转型，创造了属于新加坡的独特模式。目前凯德集团已经成为全球最大、最综合、最有效率，也是绩效最好的房地产开发、建设和运营者。凯德集团是通过创新资产增值策略，创造新价值的典型代表。

最后，新加坡还有非常先进的公寓出租及运营经验，例如，新加坡拥有全球最大的雅诗阁系统公寓。除此之外，新加坡在大型综合商用物业的开发建设，特别是高度复合功能以及超高层的空间复合利用（类似于我们所强调的立体城市）方面，也拥有非常丰富的开发经验和管理经验。

新加坡地域小，土地稀缺，空间资源十分有限。这反而促使新加坡人更聚焦于集约化地使用空间和提升空间使用效率。这个“花园城市”把自己当作城市实验室，在每一个细节、每一个局部上都做得非常讲究，几乎可以说是完美。

观察新加坡的房地产开发模式，让我们有一种耳目一新的感觉。这个国家的法制理念还有公共政策、社会政策，充分体现了“资本主义的方法，社会主义的目标”。我在新加坡学到的一个最明确的知识点，就是怎么用市场经济的办法追求社会主义的公平目标。

西方社会有的东西，新加坡基本都有，比如赌场和妓院。然而，新加坡拥有的强大而有效率的保护雇主和劳动者利益的法律体系是西方社会所没有的。新加坡政府充分保障公民的就业权利，让公民在创造财富的过程中享受应有的社会福利。

新加坡公民会得到政府开具的公积金账户，这个公积金账户是社会主义形式的，大概相当于收入的35%强制性被扣除存入这个公积金账户，这35%中有25%是被扣的工资（雇主给），剩下10%全部是社会补贴（政府给）。新加坡公民在努力工作几十年后，他们公积金账户里的钱足够他们买下一套房子（新加坡组屋）。政府还会给这些公民一部分国企的股票和现金，另外，医疗服务和教育也都基本免费。当然，不上班的公民的公积金账户里是没有存款的。这些都体现了新加坡模式的公平性和合理性，值得借鉴和学习。

如果说市场的最低工资水平比较低，雇主也不愿意支付更多的报酬，只能给你1 000元，但是你没有2 000元就活不下去，怎么办？按照中国和其他一些欧洲国家的习惯，政府会把钱补贴给工人，哪怕他什么活儿都不干，坐等吃低保。欧洲一些国家就是因为不断给工人提供最低的工资保障，结果压垮了国家经济。新加坡政府的做法是把钱补贴给雇主，让雇主去雇人，确保不减少就业岗位，让你有活儿干，这样就兼顾了整个社会的效率和公平。

新加坡的法律制度中也有一些地方值得中国借鉴。

有这样一个故事，曾经有一个中国人在新加坡工作，因为和雇主在薪酬问题上产生了一些纠纷，他就跑到楼顶要寻短见，胁迫雇主。这事儿搁我们惯有的思维，首先是向雇主施压。而新加坡的警察先把他劝下来，之后通过司法程度，判了他坐牢。理由是，首先，如果你有劳资纠纷，可以通过多种渠道解决：第一求助工会，第二依法走诉讼程序，第三通过媒体曝光。若不走正常渠道，而用生命要挟雇主是违法的。其次，如果纵容这种行为，以后谁还敢当雇主？新加坡有这么多的合法路径能解决问题，你却非要用这种违法的方式，那你就是扰乱公众秩序。一个人试图以要挟的方式达成目的，在新加坡是绝不容许的，必须依法被制裁。

另一个故事也发生在新加坡，有 100 多名中国籍公交车司机，因为薪资待遇问题集体罢工，致使新加坡几条公交车线路停运。他们按照过往的经验，以为闹事就能解决问题。新加坡政府怎么处理这件事的呢？首先，让他们的雇主（一家国有企业）站出来了解情况，由这家公司向公众道歉，承认他们与公众的沟通是有问题的。其次，公司的确在薪资待遇上有一些不公平的地方，所以他们也要向员工道歉。最后，警察开始介入调查，传讯组织罢工的司机，把他们叫到警察局，挨个调查。其中五六个人因非法罢工被起诉，最严重的，甚至要坐牢。

新加坡的法律规定，凡涉及公共利益，罢工要提前两周申请，并知会有关部门。司机临时“起义”搞罢工，不申请也不知会，所以是违法罢工，带头的那几个司机要受到法律制裁。新加坡的法制精神和法律意识牢固。一个国家或社会最终裁定一件事情对错的标准，不是简单的情感判断，而是法律。这件事情被曝光后，我们没有看见所谓的公共知识分子大声地嚷嚷不公平，新加坡人很平静地看待这件事情，因为这些司机违法了。

新加坡在依法治理国家、管理社会方面做得非常好，新加坡政府的处理方式也切实保证了社会的公平正义和稳定。公平正义体现在法律明确规定你享有罢工的权利，但是当你的行为影响到公众利益时，你必须知会和申请。对待影响公共利益的突发事件，新加坡完全依照法律来处理，而不是根据舆论。

调控房价，不如调控预期

在经济低迷的时候，我们的政府比较看重房地产行业对经济增长的刺激作用，于是，拉动需求的政策就会增多。但刺激以后，房地产行业倒是发展了，房价也高了，政府又意识到不能光看经济增长，还得考虑老百姓的买房问题，还得维持基本的社会保障水平，确保社会公平，于是就开始调整政策。

自提出经济适用房政策以来，“9070”政策、公租房、廉租房……与房地产政策相关的名词越来越多，令人们眼花缭乱。经济形势好的时候，我们更注重公平，强调要解决低收入人群的住房问题。一旦经济形势稍微不好，我们不得不放开对房地产行业的约束，让它带动经济增长。

最近一段时间，有些地方的楼市调控又开始松绑，因为经济整体上面临严峻的挑战。尽管如此，有一点不容忽视，政策思路反复改变带来的最大问题是，我们既不能建立一个健康的、可持续的房地产市场，也不能建立一个保障基本居住需求的良好的、稳定的制度。所以，我们应该把保障跟市场分开。

不管推行哪一种政策，最重要的是坚持。世界上没有哪一种政策或体制是完美的，只要大方向别出差错，把一个相对靠谱的政策坚持久了，楼市调控就能显示效果，也能带来社会安定。只要调控方向不轻易改变，就能形成一代人相对稳定的预期。

我还是想讲讲新加坡的例子。新加坡保障中低收入群体生活的思路坚持一两代人的时间了，其国民的预期就形成了。新加坡人从一生下来就知道自己是该进组屋系统，还是进私人房地产系统。普通上班族肯定进组屋系统，因为房价预期非常稳定，而且不易改变。为什么新加坡人的眼神都不犹疑？因为他们没必要飘忽不定，他们的方向明确，并可以坚定地朝这个方向奋斗。

为什么中国人的眼神都是飘忽的、张望的、充满渴望的、焦虑的、愤怒的和迷茫的？因为他们努力的方向不明确，人生有太多可能性了。人的命运充满不确定性，自然会引发负面情绪。

住房上也是如此。因为政策多变，现在的中国年轻人真的不好判断该买房还是租房。如果你一生下来就被告知要么住组屋，要么买私人房产，而且买私人房产是单行线，回不来的，你的预期就会变得稳定。

如果新加坡人选择冒险创业，把组屋卖了弄点钱创业，创业失败了想再回组屋系统，就回不来了。为什么新加坡人不太敢创业？因为他们一旦失去了既得利益，就追悔莫及。美国不是这样，美国靠的就是市场。如果一个人创业失败了，他到时候再去打工，也感觉无所谓，反正还得贷款买房。所以，美国市场存在单行线、双行线、转变线等多种选择。

在新加坡的制度环境中，一个人犯错之后的纠错成本非常高，所以他的决策过程只能慢。但在中国的制度环境中，一个人即使错了，只要能从错误当中找到通往正确道路的方法，纠错之后还有机会，纠错的成本比较低，纠错的机会比较多。史玉柱当年很快做了决策，方向错了，濒临破产，但他仍有机会改正。之后他东山再起，做决策甚至比之前更快。如果一个制度提供足够多的纠错路径、方法，其实也会导致企业轻率地做决策。

中国年轻人现在面临的选择很多，但每个选择都不能长久。比如，北京出台一个限竞房政策，结果没几天，就转成共有产权房政策了，性质一下子变了，这意味着你只能持有一部分产权。买房者的处境就像“墙头草”一样，他刚慢慢接受了新事物，结果新政策一出台，他就发现选限竞房吃亏了，还不如咬牙买一套便宜的商品房，于是出现了大量弃购限竞房的情况，这个新事物就废掉了。

“房住不炒”政策起码是一个着眼于公平的政策，我们希望能保证它长期执行。一旦出台这个政策，我们可以考虑把和它相抵触的政策都取消，用好这个政策，坚持一代人、两代人的时间，再难的住房问题也一定可以解决。

为什么我要去美国学习房地产

老婆一巴掌拍在老公头上，厉声道："你在外面养女人了？"

老公先否认，然后小声说："去年就分手了。"

老婆说："谁相信你？听说你在上海还给她买了一套房子？"

老公回答："房子已经卖了。"

老婆问："钱呢？"

老公拿出一个存折，解释道："买的时候 40 万元，卖了 400 万元。"

老婆更火了，又一巴掌："你个败家爷们儿，为啥不多养几个呢？！"

老公一听，受到鼓励，又从包里掏出很多张存折，一一供认："这是江苏芳芳的，这是四川盈盈的，这是辽宁雯雯的……关系都已经断了。"

老公接着说道："还有深圳的丽丽和北京的琳琳没分手，因为我觉得这两个地方的房价还会涨。”

这个戏谑的故事生动体现了中国房地产行业过去的好日子。房地产市场兴旺，有各种各样的原因。到今天，我们仿佛还能看得见它的缩影。用一个字形容过去的市场行情就是“涨”，用两个字形容就是“增长”。无论是房价、房地产开发规模，还是我们口袋里的钱，都是这个趋势。过去的市场一直在膨胀。

但是，差不多 20 年的好日子已经结束了。我一直倾向于在坏日子到来前完成转型。在过去十几年，房地产行业的发展有一条固定的学习路线——去美国研究房地产行业。就像去朝圣一样，中国，尤其是大陆做房地产的人，大部分都到美国考察过房地产行业。

我们国家取消住房分配制度，同时房地产开始走向市场化是在 1998 年，到现在已经 20 多年了。我们应该如何开发房地产，如何把住宅做好，如何进一步地发展这个行业，是过去 20 多年里大家都比较关注的问题。我去过美国很多次，目的是给行业发展、企业发展寻找一个方向和参照物。

1998 年，中国人均 GDP 不到 1 000 美元，美国人均 GDP 超 30 000 美元，从那个时候开始我们就知道了挖坑盖房这件事情。2008 年，中国人均 GDP 超过 3 000 美元，而美国当时的人均 GDP 接近 50 000 美元。我一直都想搞清楚一个事情，就是在人均 GDP 从 3 000 过渡到 50 000 美元的过程中，美国人究竟在房地产行业都做了什么事情。这就相当于我们现在 5 岁，但想看一看这个成功的 50 岁的人在过去 45 年都干了什么。

更有意思的一件事是，二战后，在美国人均 GDP 差不多 5 000 美元的时候，纽约长岛曾经出现过一家跟万科一样的公司。我们有一次到当地去，长岛的一位朋友还把当时的照片和报纸拿给我们看。那家公司快速地建设普通住宅，差不多占据了纽约东岸地区将近 1/3 的市场，也是当时整个美国最大的住宅公司。但是，这家公司后来消失了。

我们就问这家公司去哪儿了，怎么没的。这位朋友说，因为这家公司一直这样开发普通住宅却没有创新。后来住房的问题都解决了，它也不愿意去做别的，又没有进入商用不动产或者其他的新型地产领域，结果它的规模不断缩小。最后这个公司只留了点儿地、留了点儿钱，做点慈善，从房地产行业中消失了。

随着经济的增长、城市化的发展、人口的增长，住宅的商业模式变得比我们想象的更复杂、更多样。5 岁小孩看哥哥姐姐的生活，以为都是过家家。但过家家其实很复杂，不深入了解就不会知道还有很多种过法。所以我就不断地去美国观摩，每次都对标这儿，有了一些启发。

比如互联网思维下的房地产。在互联网概念热了以后，我在美国看到很多把科技与房地产结合的 O2O（线上到线下）尝试都没有成功，没成功的原因其实非常简单。比如说，当时美国很多人做社区电子商务，把它变成“互联网 + 房地产”的内容，但是这个内容存在缺陷。一般来说，客人在家里订餐，不可能非要就近使用社区 O2O 服务，全城到处都能订餐。每一个细分的服务都是覆盖全市的，它不可能是围绕某一个社区的。所以围绕小社区的 O2O 或“互联网 + 房地产”服务形式在中国也没发展起来。它在美国没成功和在中国没成功的原因有共通性。

所以，我们在“互联网 + 房地产”这个部分的探索基本上尘埃落定。我们知道人老了是会死的，所以到 80 岁谁再告诉你能长生，你就觉得他是骗你的。你看明白结果了，也就不胡折腾了。在没看清这个结果的时候，你可能会一直尝试“互联网 +”，所以美国起了一个标杆的作用。

目前，国内住宅建设也到了一个相对饱和的阶段。住宅相对饱和大体上可以用以下 3 个指标来衡量。

第一个指标是新房和二手房的比例。市场上的二手房越来越多，超过了新房，也就意味着新房和二手房的比例超过了 1∶1。北京、上海的新旧房比例大体上是 2∶3，再有几年也可能达到 1∶4。台北市的楼市也差不多，基本上是在交易二手房。一般新房二手房成交比例不足 1∶1，城市发展的速度就开始放慢了，住宅这种单一的房地产产品就有供过于求的风险。现在来看，中国大部分二线城市的新房二手房成交比也都过了临界点。所以，一旦过了 1∶1 的临界点，住宅新房的供应量就受到了很大挑战。

第二个指标是人口的增量。一个城市的人口净增量为 0 或者为负的时候，住宅市场就达到饱和的状态。现在全国除了北上广深 4 个一线城市以外，人口数量还保持增长的二线城市不超过 10 个。大部分城市的人口增长基本上为 0，甚至是负增长，而大部分三四线城市的人口也在减少，因为它们的人口在流向一二线城市。

在城市人口不增加的情况下，住宅建设也会面临一个很大的风险。其实，美国早就出现这样一个情况。硅谷和纽约的房价一直都比较高，就是因为人口还在增加。西岸的新移民大多去往洛杉矶、旧金山，东岸的新移民大多去往纽约。依靠新移民和自然出生的人口，这两个城市的房地产行情一直没有大跌过。但在美国中西部的城市，房价十几年都没怎么涨，30 万~50 万美元就能买一个大房子了。这就跟咱们跑到宁夏、甘肃那些地方，花 100 万元也能买一个大别墅一样。所以房地产跟人口有非常大的关系。

第三个指标是整个经济的增长情况。人均 GDP 到达 8 000 美元以后，大部分国家和地区的住房问题都解决了。目前我们国家的二线城市，人均 GDP 基本上也都达到了 8 000 美元，所以从这个指标来看，住宅市场也已基本饱和。除此之外，还有一些因素影响到住宅市场的发展，比如税收、政府的公共政策等。

现在美国的细分住宅领域非常多，同时非常具有创新性，比如专门为同性群体做住宅公寓。但是在中国，我们可能更倾向于采用传统做法，比如蓝领公寓、养老公寓、单亲家庭公寓等。可以看到，细分市场是下一个 10 年我们扎根在房地产领域，并且活下来的一个很重要的选择。

降准落地是大利好

2018 年 4 月 25 日起，央行下调大型商业银行、股份制商业银行、城市商业银行、非县域农村商业银行、外资银行人民币存款准备金率 1 个百分点，预计释放增量资金约 4 000 亿元。2018 年的房地产市场未等来政策松动，反而趋严，但央行降准降低了房贷还款压力，几乎是年内最大利好了。

很多人可能看不懂宏观经济层面的变动意味着什么，我在这里给大家解释一下，为什么降准和房地产市场有关。

第一，降准对信贷端成本下降有作用。银行层面可以提高利息差、降低负债端成本。

第二，流动性影响偏中性，但不能解读为货币宽松政策。降准的核心措施是“稳货币 + 紧信用”，持续推进“去杠杆”，明确指出支持小微企业。

第三，降准对房地产板块的影响表现为改善抵押贷款利率。定向降准，流动性或趋缓，银行负债端的成本下降，最终会传导到资产端，前期高企的抵押贷款利率会有所下行。全国首套房贷款平均利率连续上升 15 个月，降准可能会使之有所下降。与过去放款周期动辄 3 个月起步相比，各银行的放款速度明显快了不少。所以降准是好事。

第四，龙头企业融资优势放大。之前获取信贷能力较强的龙头企业，可获取的信贷额度上升，最终放大其融资优势。

对各位买房者来说，首套房基准利率上浮 10% 仍然占据主流。虽然还是利率高企，但很多市场已经量升价稳。

2018 年 1—3 月，全国房地产累计开发投资额为 21 291 亿元，同比增长 10.40%，增速比 1—2 月份提高了 0.5 个百分点。1—3 月商品住宅投资额为 14 705 亿元，同比增长 13.30%，增速比 1—2 月提高 1 个百分点。2018 年 1—3 月，商品房销售面积为 30 088 万平方米，同比增长 3.60%，增速比 1—2 月回落 0.5 个百分点。其中，住宅销售面积增长 2.50%，办公楼销售面积下降 2.80%，商业营业用房销售面积增长 9.60%。

从历史规律来看，降准对房地产行业销售有直接刺激作用。比照 2008 年、2011 年和 2015 年三次降准周期，我们可以看到，三次降准之后行业销售额均存在明显恢复，持续恢复时间在 1 年以上。无论是对销售端还是购买端而言，降准都是正向刺激楼市的。

03

趋势与方向

“房住不炒”后的 10 个变化

“房子是用来住的，不是用来炒的”，这句话说出来的那天，房地产市场的走向就彻底变了。这 13 个字现在已经演变成一个专有名词，叫“房住不炒”，不知道未来会不会被收录到成语词典里。“房住不炒”只是个开端，我预测中国楼市的格局会因为这句话而被重新定义，在方方面面发生变化，大家的心态、预期和出手习惯，也要随之调整。

第一，从政府角度来说，未来的住宅体系和居住政策，都会坚持居住为第一属性，尽量保证人民有房住。居者有其屋，但居者不一定占有产权，这个是政府明确传达出来的意思。住房问题可以给大家解决，但不再保证大家能买到 70 年居住产权的产权房，这是相比之前最大的变化。实际上，这是一个负责任的政府应该做的工作。

之前舆论总是在强调稳定房价、调控房价，保证大家买得起房，这实际上是个误导。在任何一个社会或一个国家，无论其处于何种经济水平，政府都不可能保证每一个人都拥有一套产权 100% 属于自己的房子。如果始终盯着这个方向，政策制定就会产生偏差，从而积累社会上本不必要的买房预期，最终酝酿出根本解决不了的购房矛盾。

第二，政府提出坚持住房中“住”的属性，而非“房”的属性，这将成为未来中国楼市调控的政策基点。你也会明白为什么这几年政府增加了很多租赁房源的供应，也全面地推进了共有产权房这种之前不太会被人们从心理上接受的新事物。政策的着眼点已经彻底改变了。

第三，中国房价一直上涨的时代过去了。之前政策朝着最好每个人拥有一套产权房的方向努力，那“买买买”“涨涨涨”自然会变成市场上所有参与者（包括老百姓和开发商）相互作用的结果。供需双方打配合，共同推高房价。

现在不一样了，房子能住就可以，有没有产权没关系。买得起房子的人还会去买房，但租房子的人也变多了，相当多的房子不会进入流通市场，而是成为长租供应来源。各方面对于买房、卖房的热情会适当降温，开发商的供应也会适当减少，固定投资、基础投资会更理性。未来中国房价不会继续朝着单一的上涨的方向行进，很可能会进入横盘区间，保持稳定，甚至在个别地区呈现下降局面。

第四，住房制度会越来越向租购并举倾斜。这个趋势在2018年就已经展现出来。租赁需求越来越被重视，解决租赁矛盾的政策越来越多，围绕解决租赁痛点制定的政策体系也将越来越完善。

中国成功发行了第一单租房信托上市交易。围绕住和租这两件事情，过去的金融开发贷款更多地解决了“住”的金融缺口，以后也一定能在租约层面出现金融创新。不管是银行的长期低息贷款，还是不动产投资信托，这些金融手段会逐渐偏向租赁市场，年轻人在租房时也能因此享受便利。除了金融机构向房地产租赁市场抛出橄榄枝，中央政府和地方政府在税收方面也会更多地提供支持，进一步降低租房负担。中国以后的房屋租赁市场一定会越来越完善。

不过由于中国比较大，各地具体情况不同，所以第五个变化就出现了。围绕租赁的基本住房需求和市场的变化，会首先波及一线城市和二线城市。欠发达的城市或者发展中的弱二线城市、三线城市和四线城市，在新房供应和买房需求还没有满足的情况下，住宅开发和交易的空间依然较大。从全国来看，中国房地产会进入一个区域分化，各地发展阶段不同、发展速度不平衡的状态，一城可能会有一景。租赁市场快速崛起，租赁政策利好较多的情形，更多地会发生在一线城市和二线发达城市。

如果城市间的楼市发展不平衡状态进一步深化，就会形成第六个变化：在三四线城市，去库存依然是楼市调控的重点。到2018年下半年，三四线城市的房产开发过剩，楼市风险重新显现。在三四线城市，由于租赁需求不多，租金也比较低，大家更愿意买房而不会选择租房。这些地方的租金上涨基础不够、冲劲也不足。楼市的主要矛盾依然停留在新房交易领域，不仅租赁的故事不会成为主旋律，二手房交易也还没到火候。

第七，中国住房的政策调控和体制改革、金融改革将采取分类实施的策略，政策长期化将成为主流。也就是说，无论是在房地产开发、交易还是持有或租赁等方面，以后的政策调控会偏向长期、稳定、高效，短期政策可能会越来越少出台。有效的长期政策是保证市场持续增长的基础，既有助于满足人民对房屋居住的各种需求，也有助于管理人民对住房的预期。

第八，在中国房地产市场转型的过程中，限价、限售将会成为核心政策。在新的趋势完全确立之前，限价、限售是最有效、最快速的，也是地方政府最容易实施的政策。大家对这些调控政策要做好心理准备，因为它们不会是一个短期政策，维持 3~5 年是在预期之内的。

第九，从宏观层面来说，中国房地产市场只要进行调控，在短期内房价就不会呈现上涨状态。对开发商、地方政府和买房者来说，这虽然会让人略感难受，但从楼市长期发展转型来看，这是必要的阵痛。

最后一点，随着各项制度的完善，100% 产权房、共有产权房、租赁房的居住类型划分会越来越细，相关法规也会越来越完善。相关部门最终将出台房地产税政策。房地产税将用来调控住房资源占有不平衡的问题，另外，也会给地方政府提供一个长期的、稳定的、可预期的税收来源。

简单总结一下，未来中国房地产市场调控的走向可以用以下几组四字词语来概括。“房住不炒”就不做过多解释了。“不松长效”，调控政策要保持长效机制，但是眼下仍不会放松节奏。“一二不涨”，要控制一二线城市的楼市不能涨价。“三四不崩”，三四线城市“去库存”仍是主要目的，但是要确保房价不崩盘。“有房无产”，指政策能保证大家都有房子住，但不保证每个人都买得起一个有产权的房。另外一个词叫“税平不均”，房地产税一定会出台，但主要还是用于调控一些房产持有上的矛盾，保持相对的社会公平。随着未来几年的变化，这些新词会不断地涌现出来。

在这样的背景下，无论是开发商，还是买房者，都应该调整心态，因地制宜地调整自己的投资和出手节奏。房地产企业显然应该更快、更强有力地应对这样的变化。一家以住宅为核心产品的房地产企业如果想要转型，必须加大长租房屋的建设和供应，既要接受产品打造能力和财务指标的考验，还要接受管理和运营能力的考验。未来的中国开发商，不仅要有开发房地产的能力，更重要的是还要有运营管理能力和金融财务能力。一家房地产企业的财务模型必须具有竞争性，才能保证其有能力长期获得低利息资金的支持，才能应对住宅领域发生的大量变化，使自己在下一波以租赁为主的市场变化当中，继续保持利润增长，取得成功。

营商环境的变化往往孕育着企业评价体系、观察坐标的变化。中国楼市正在发生巨变，下一步可以把“道德评价”纳入对开发商的评价体系里。谁能带头解决社会矛盾，比如，在租赁市场崛起的过程中充当先行军，提供更舒适的长租房屋，让大家把心思从买房转移到租房上来，谁承担更多的社会责任，谁的“道德分”就更高。这么一来，信誉好、社会责任感强的企业，不仅能得到政府的支持，也能得到受众群体和舆论的支持。最终，中国房地产市场就会形成一个全新的局面。

限售：楼市新常态

中国人在楼市里受限有不少年了。之前大家都被限购政策捆绑着，但这几年的房地产调控出现了一些新趋势，比如限售。限购政策不一定会退出市场，但限售政策一定会到来。总的来说，限售从三个维度影响着中国人的房产交易和投资。

第一是地域维度。起初，重庆、南宁、南昌、长沙、贵阳、石家庄等城市都在楼市调控上下了猛药，实施限售政策。后来中国有将近 100 个大中小城市和区域相继发布了限售令，要么是因为房价确实上涨得比较快而决定实施限售，要么是因为地方政府感受到政策压力，跟风出台限售令。即便是在同一个城市，某个房地产市场过热的地区也可能单独实施限售。

第二是时间维度。一些城市规定买房者在取得不动产权证满两年后才可以转让房子。有的城市规定 3 年后才可以转让，也有的城市规定从买房之日起，无论购买新房还是二手房，买房者 5 年内都不得入市交易。还有一些城市甚至把时间限制提高到了

10 年。

第三是户籍维度。比如，户籍人口在当地购房时不受限制，而非户籍人口则受到限售政策的制约。

限售作为政策加码出现，实际上指向非常明确，就是强制地冰封成交量。在那些房价涨幅过高的城市和区域，限购、限离婚、限贷“三板斧”三管齐下，仍然不能达到控制住楼市成交量的效果，以至三四线城市的房价继续上涨。在这种背景下，祭出限售这枚棋子是地方政府能想到的最快速、最简单的调控手段。

限售的目的是抑制投机、稳定预期、促进楼市理性发展。很多城市依靠限售，实现了调控房价、调控成交量、调控预期的目的，取得了一定成效。

限售的本质是去杠杆。按照房地产市场 3~5 年的交易周期来看，实施限售政策的城市，在短期内不太可能吸引到高杠杆、高成本的资金流入当地市场，这会明显打击投机和部分投资需求，使房地产的投资属性降低，代价就是牺牲当地楼市的短期活力。

限售政策对于惯用高杠杆投资的人来说是一个警告。一旦他们把钱投进房地产市场，却无法在短期内变现，那就意味着风险。我认为，随着越来越多的城市选择实施限售政策，未来中国会呈现“限购 + 限售”并行的长期双限局面。和限贷、限离婚等短期政策相比，虽然限购和限售政策灵活调整的空间不大，但是可以在较长的时间内给大家一个确定的预期。

限售政策会给中国楼市带来长远的影响。如果新房转化为二手房的年限延长了，那么二手房的潜在供应量会减少，供不应求，将导致房价重新上调，这其实并不利于长期调控房价。为此，我们后续需要长效机制帮助我们在政策的周密性上找补回来，否则就会中和楼市调控效果。这样一来，限售反而会引起更多问题。

如果你所在的城市实施限售，未来一段时间内将会出现以下局面：

第一，投资者投资楼市的不确定性增大，变相地降低房地产交易的活跃度。投资者不敢轻易预测几年后的楼市行情，入市量会变少。

第二，实施限售政策不一定会使房价下降。如果楼市没有成交量，就无所谓降价。限售只不过拖住了房价上行，保证了市场价格的稳定。

第三，给房子加了一个几年的限售期限以后，买房者在办理购房贷款时更需要做出综合判断。这几年内利率如何？买房者需要提高勇气应对未来几年房价下跌的风险，因为即使房价下跌，购房贷款也要还的。因此，买房者在买房时要考虑得更仔细。

第四，房地产交易市场冷清，但租赁市场旺盛。限售的房子最终会变成可供应的租房房源。国家喊租购并举的口号不是说说而已，尤其在一线城市，大家一旦不买房了，需求自然会流动到租赁市场。

从长远来看，中国住房交易结构中市场配置的作用会越来越小，因为限购、限售等政策实施之后，留给市场的发挥空间就不如以前那么大了。很多开发商已经开始削减住宅建设比重，加大对长租公寓市场的投资和探索力度，这无形中透露出楼市发展的新方向。

调控的目标、方向与结果

最新一轮的中国房地产调控定调，一共造成了两个截然不同的结果。

北上广深一线城市，再加上部分二线城市、部分省会城市以及 2016 年房价过快上涨的城市，构成了受楼市调控影响最大的一类群体。限购、限贷、限售、限离婚等多重限制，牢牢控制住了房地产成交量，进而导致房价明显下跌。

以北京为例。2017 年 3 月 17 日，房地产开始正式调控，到 2018 年 3 月，二手房房价连续下跌 9 个月，跌幅达 15%~20%，成交量跌幅超过 50%；新房签约量 23 388 套，同比下降接近 50%，刷新了历史最低纪录。

怎么理解北京新房成交量暴跌这一现象？可能并不是因为大家都不想买房了或者没资格买房了，而是因为楼市开盘供应结构变了。现如今，北京楼市进入全面豪宅化阶段，能承受得起新房价格的消费者数量并不多，新房成交量势必受到影响。另外，很多楼盘无法拿到商品房预售许可证，导致开发商想卖房卖不了，买房者想买房买不到。

上海和北京的情况有些类似，但是上海的开盘供应结构更加不合理。有一个数据很吓人，2017 年上海一共有货值 6 000 多亿元的新房由于不能取得商品房预售许可证而无法开盘。可想而知，如果这部分楼盘都能顺利售出，局面会有多大改观。

为了解决问题，越来越多的政策性保障住房成为新房供应的主体。2017 年 9 月 14 日，中华人民共和国住房和城乡建设部（以下统称“住建部”）印发了《关于支持北京市、上海市开展共有产权住房试点的意见》，北京、上海两大直辖市一马当先，进入新房供应“政策化”时代。上海拟建 55 万套共有产权房，北京明确未来 5 年供应 25 万套共有产权住房的目标，着力满足城镇户籍无房家庭及符合条件的新市民的基本住房需求。未来政策房的大量供应势必会改变北京、上海的新房成交格局。在城市全面豪宅化的背景下，普通人很难买到性价比高的新房，不过共有产权房这样的新事物，会形成一个补充。

由于 2017 年的楼市调控，北京、上海面临挑战，但三四线城市和部分之前房价不够高的二线城市反而实现逆袭，一房难求，楼市成交量上涨，房价井喷式增长。之前，三四线城市由于房价不高，没有进入调控之列。当一二线城市买房的路径被堵死以后，大量的资金就转移到了三四线城市，这直接导致当年把筹码全压在三四线城市的碧桂园、恒大等房地产企业得益于前两年的前瞻性布局，一举迈入中国销售额前三甲的开发商之列。

这类房地产企业在三四线城市强势崛起，其实是因为享受到了两个红利的影响。一个是政策红利。深入到乡镇这样的地方，房地产自主销售的难度降低了，许可证拿不全也可以开盘，6个月就可以入市，大大提升了周转率。但在大城市，房地产项目可能要18个月才能进入销售阶段。另外一个是品牌溢价红利。在三四线城市，恒大、碧桂园都是大品牌，在其他品牌开发商进入当地市场之前，这两家抢占了先机。当然，这两年兴起的返乡置业潮对于三、四线城市房地产市场的量价齐升也有帮助。

三四线城市现在进入集中换房期。棚改货币化政策的实施制造了很多本地购房需求。全国各地推行货币化安置的棚改模式，辅以货币化补贴，让被拆迁者有了购房的资本。这样一来，既少了原来的存量，又多了新的需求，在短期内制造了抢房的热潮，从而推动了房价的上涨。

这就是2017年楼市调控带来的两个结果。目前来看，楼市调控确实抑制了大城市房地产价格过快上涨，但客观上也造成了三四线城市的房价上涨。一二线城市的房地产市场热度明显下降，消费者的观望情绪浓厚，成交量下滑。不过，换房难度的增加使得刚需购房占比明显升高。调控使得二手房业主的预期不如前期强势，也有效地控制了杠杆使用范围和力度，使得价格回归价值。

当房地产市场发展跳出合理的范围，我们将付出代价。在2018年下半年，三四线城市的房价从上涨进入下滑区间，万科集团大喊“活下去”的口号，领头降价，随后其他开发商跟进，甚至引发裁员风波。

2017 年以来的调控给未来楼市发展带来的影响是深远的。炒房成本变高，房价下跌，但购房成本增加了。从 2018 年开始，中国房地产行业进入建立长效机制的关键期，而这一机制将重新确立住房消费和投资、房地产开发和经济增长的协调关系。

历史会记住这次楼市调控。而三四线城市的转折命运，才刚刚开始。

6 个置业机遇

2018 年“两会”（中华人民共和国全国人民代表大会和中国人民政治协商会议的统称）透露出未来房地产发展的政策重点和市场可能的变化。2018 年的《政府工作报告》对房地产行业的发展和改革进行了专门的表述，彰显出对房地产行业足够的重视。

首先从政策周期层面来看，《政府工作报告》提出，2018 年 GDP 增速目标为 6.5% 左右，比往年略有下降。由此可以看出，在保增长的过程中，经济增长对房地产产业的依赖性会慢慢降低。政府明确强调，只要经济运行在合理区间，就业增加、收入增加、环境改善，就集中精力促改革、调结构、添动力。政府现在宁可把政策预期调得稍微低一点，也不对赌政策放松。很显然，对房地产企业而言，自力更生，加快销售回款、提升库存去化率和销售回款率是最重要的。减少货币资金占用量、降低企业经营风险尤为重要。

从金融监管层面来看，《政府工作报告》中透露出来的政策方向非常清楚，就是金融监管要从严，以便进一步鼓励金融服务于实体经济。

这里有几点也非常清楚。第一，强化金融监管，鼓励资金流向实体经济。严格控制房地产资金流向，这会是今年和未来的一个基本的政策方向。第二，房地产开发商应该积极“跑量去化”，以自我造血为主，提前做好融资安排。第三，融资业务一定要按照金融监管要求做好合规性的风险排查，避免踩雷。也就是说，房地产企业的融资将会更加困难。

《政府工作报告》也提到怎么融资，其中特别强调要提高直接融资，尤其是股权融资的比重，这是以往没有提过的。从这个角度来看，政策对自持物业的资产证券化将保持开放态度，这成为 2018 年房地产企业创新融资模式的重头戏。

另外，为响应政策号召，各地银行、企业应该都会积极地参与组建资产池，争取发行住房租赁专项债券，或者 CMBS（商业房地产抵押贷款支持证券）、RIETs。也就是说，下一步，不动产证券化、不动产金融的创新将会是整个房地产行业融资过程中的重头戏。

我们之前也讲过，中国房地产进入后开发时代，就意味着进入全产品线、全价值链、全商业模式的全面竞争时代。在这个过程中，不动产金融的创新空间也会加大。2018 年的《政府工作报告》明确提到了要加强直接融资，这是一个非常好的信号。

《政府工作报告》还讲了一件关系到我们每个人的事情，那就是健全地方税体系，稳妥推进房地产税立法。从官方表态来看，房地产税立法工作正在稳步推进，可以预见，未来几年将是房地产税立法和制度建设的关键几年。

这只“靴子”已经“提”起来好几年了，一直没掉下来。什么时候落地？看样子是快了。有人说在两三年之内政府会搞定这个事。从形成草案、提请常务委员会、提交全国人大审议的立法流程来看，目前距离最终的房地产税出台还有一段时间，预计要到 2020 年。根据《政府工作报告》中提到的有关稳妥推进房地产税立法的表述，房地产税在短期内还不会出台，大家也不要做过分解读。

此外，我们还可以从《政府工作报告》中看到一些房地产行业的新机会、新利润点。这些线索可以指导我们把钱投到正确的地方去。

第一，城市化的发展至少还有 10 年红利。只要坚持房地产政策不放松不动摇，一定还有发展空间。政府历年出台的官方文件，对房地产政策的表述都是两方面的，一方面要严格调控，化解风险，另一方面要保证房地产市场持续健康稳定发展。所以 2018 年的《政府工作报告》仍然强调了要保证房地产行业的平稳健康发展，而不是说要把它彻底打压捅破，让它一泻千里。

其实，过去 20 年中国房地产行业发展的最大动力就是城市化。城市化过程中产生的地产红利，主要来自三个方面：一是城市化所产生的新的居住、办公和商业需求；二是改善需求层次的逐步兴起；三是城市化基础设施建设投入产生的土地红利。对开发商来说，要坚持房地产主业发展不动摇，要积极转型思想，要谨慎行动，紧紧抓住未来 10 年的黄金战略机遇期，为成功转型打下坚实的基础。

现在，我们的城镇化率是 59.50%。2018 年《政府工作报告》指出，过去 5 年城镇化率从 52.60% 提高到 58.50%，8 000 多万农业人口进入城镇成为城镇居民。这一趋势着实给房地产行业未来的发展提供了机遇。

第二，《粤港澳大湾区发展规划纲要》的出台，也给房地产发展提供了机会。具体来说有两个方面。一方面，2016 年、2017 年效益增长最快的都是在一二线城市或周边三四线城市拥有大量土地储备的房地产企业。粤港澳大湾区是天赐红利。罗马不是一天建成的，我们需要谋划长远布局，以时间换取空间和长线收益。另一方面，开发商一定要提前布局，找到产城融合、协同发展的具体模式。

第三，棚改政策同样蕴含生机。《政府工作报告》里有一个专门的表述——启动新的三年棚改攻坚计划，2018 年开工完成约 580万套。可以看出，棚改政策的执行力度不会降低，与群众住房密切挂钩的棚改，仍然是未来房地产发展的重要机会。我们应当积极研究棚改的核心受益城市。在基本面好，有合作机会，地货比高的三四线城市，与棚改相关的房地产市场是一个可以积极进入的领域。

第四，城中村改造计划也还有机会可供挖掘。《政府工作报告》提道："有序推进'城中村'改造、老旧小区改造，完善配套设施，鼓励有条件的加装电梯。加强排涝管网、地下综合管廊、海绵城市等建设。"除了做好传统旧改业务外，政策还要求加快盘活存量资产，建立以旧楼改造为主的城市新模式，形成投资旧楼改造证券化资产管理发展的闭环。

第五，新机会是租赁市场的发展。《政府工作报告》提道："支持居民自住购房需求，培育住房租赁市场，发展共有产权房。加快建立多主体供给、多渠道保障、租购并举的住房制度，让广大人民群众早日实现安居宜居。"这么明确的规定实际上释放了一个很好的信号。我相信未来一段时间里租赁市场的机会会更多，发展也会更快。

第六，《政府工作报告》里特别提到养老地产的发展。中国的人均预期寿命已达到 76.7 岁，我们应该积极应对人口老龄化问题，发展居家、社区和互助式养老模式，推进医养结合，提高养老院服务质量。这实际上就是要推动养老事业的发展，尤其是养老地产的发展。由此可以判断，未来 5~10 年将是养老地产发展的黄金机遇期。

与老龄化问题相关的一个重要方面就是养老地产，所以长期来看，养老地产大有前途。养老地产的发展得益于三点。第一，人均寿命延长，养老时间延长，意味着房子的使用时间延长。第二，60 后人群的子女大多是独生子女，独特的家庭结构让 60 后人群很少会选择依赖子女解决养老问题。如果不依赖子女，他们只能花钱选择社区养老或者商业化养老。第三，从社会发展方面来看，3~5 年之后是养老产业发展的风口，其他跟养老地产相关的产业也会慢慢地发展起来。

《政府工作报告》中提到的跟房地产相关的政策重点是一个方面，另一方面则是给我们指明了 6 个新的发展机会。这预示着房地产行业进入后开发时代，将会在全产品线、全价值链和全商业模式下有所作为，开启一个持续、健康、大规模、全面发展的阶段。好日子来了，大家千万不要错过。

04

税收与成本

房地产税落地是狼来了吗

中国的楼市发展与政策息息相关。每年三四月份召开的“两会”都可以帮助人们预判未来一年的楼市走向。很多人从近年来的官方表态中听到了不同的政策点。住建部部长王蒙徽在接受记者采访时说，建筑业持续快速发展，贡献了国内生产总值的6.66%，支柱产业地位显著增强。在中国完成城镇化目标之前，房地产的地位都不会动摇。这些话的潜台词是，中国房地产市场仍然有很大的投资价值。

之前，中共十八届三中全会曾明确要加快房地产税立法。虽然全国人大表示，房地产税大约需要5年才能走完整个立法流程。但房地产税落地是迟早的事，也是必要的。

中国房地产税的立法工作从2013年开始。全国住房信息联网、房产普查，都是为了给房地产税立法铺平道路。房地产税能促使房价下降吗？上海、重庆的试点证明了房地产税不会改变城市化过程中中心区域房价上涨的趋势，但能稳定房价走向。这个问题从一问出来就错了。房地产税的征收和房价没有太大关系。房地产税的出台不是为了打击人们购买房子的热情，它主要针对的是存量资产和住房保有部分。市场经济成熟的国家大多都有征收房地产税的规定。一个人想拥有多套房产，享受资产升值，过上舒适快乐的日子，肯定是要付出代价的。这个代价就是交税。

在我看来，房地产税是为了调整预期尤其是人们对保有房的预期而存在的。房地产税出台后，人们肯定会认真考虑有没有必要买 5 套、10 套房。征收房地产税将降低人们对手中握有更多套房产的积极性。这样一来，很多“房哥”“房姐”不得不减少手头的房产。尤其是在纯住宅领域，在需求量减少的同时，供给量会有所增加。从这个角度来说，房地产税对需求架构、供应方式、持有方式、投资方式的改善，都有好处。

另外，李克强总理在 2018 年公开表示，70 年住宅土地产权到期后可以续期，这正好确保了征收房地产税的合理性和合法性。

现在，针对保有房的房地产税的具体征收方式还在研讨中。我认为主要涉及三点。

第一，中国的土地制度决定了买房者在房产交易中获得的是房屋的使用权，而不是房屋的永久产权或所在土地的所有权。基于此，如何议定房地产税率是一个值得慎重考虑的问题。

第二，房地产税不等于房产税，二者包含了重复部分。买房者买房时已经缴纳的契税和其他税款后续势必要相应减少。从税务环境来看，中国现阶段实际上应考虑适当减税，而不是在房地产相关环节加税。新税种的出现，是为了更好地解决问题，而不是带来新问题。

第三，房地产税是和地方财政挂钩，还是和中央财政挂钩，这一问题会影响税收政策的执行力度。在目前的楼市调控状态下，地方政府的位置是比较别扭的。中央政府好比是婆婆，开发商、买房者相当于地方政府的媳妇，地方政府则成了婆媳之间的夹板。只有研究清楚中央政府与地方政府、开发商和买房者在房地产开发过程中的关系，政府才能更好地实现征收房地产税的目的。房地产税的实施涉及税务、财务、法务等各有关部门，关联甚广，走得慢一些，才能确保稳妥。一旦明确了征收房地产税的任务，我们就可以发掘出一个清晰的楼市调控方向。

上面三个问题解决好了，房地产税可以变成中国人幸福居住的必要成本。

从买房到持有房产，你被“税”了几次

如果我们看看房地产 A 股上市公司的财务报表，比如万科，不难发现一些事实。当万科的房地产利润达 50 多亿元时，它需要交 100 多亿元的税。房地产行业的回报率确实不低，龙头开发商的年销售额也确实提高到了几千亿元的水准，但是利润率反而降到了个位数。这种现状一度引发“中国房地产进入白银时代”

的论调。

中国与房地产行业相关的税种有几十个，购买、出租、出售、赠予、继承……在任何一个环节你都可能被“税”。

购买和出售房产的环节涉及增值税、印花税、营业税、个人所得税、契税。不仅买卖普通商品房要交税，买卖公房、经济适用房、两限房也要交税。购买商办类住宅或非住宅时要交的税就更多了——增值税及附加、个人所得税、土地增值税、印花税、契税等。

如果你既不卖房也不租房，而是选择把房子赠予他人，也要交税。在一些特殊情况下，国家可以免征个人所得税，比如离婚财产分割或直系亲属继承，但契税和印花税则是免不了的。接受赠予的同时，被赠予人要交 3% 的契税，除此之外，双方还要按房屋价格的 0.05% 缴纳印花税。

继承房产也要交税。在这里说明一点，生前赠予和房产继承之间是有区别的。如果健在的父母想把房产给子女，这种行为叫生前赠予。生前赠予是转移财产所有权的民事法律行为，还需要进行房产赠予公证。房产继承是当被继承人死亡时，继承人依遗嘱取得其房屋所有权。依照我国《继承法》的规定，法定继承人继承土地、房屋、不收契税；非法定继承人根据遗嘱承受死者土地、房屋属于赠予行为，应征收契税。目前，我国还没有开始征收遗产税，但在不久的将来有可能会征收。一旦出台遗产税征收政策，房产继承者要交的税又多了一笔，并且受到最大影响的可能不是普通人，而是富二代、富三代。

西方社会解决发展不均的方法是征收遗产税，比如美国征收占遗产 50% 的遗产税。遗产税只能用现金缴纳，不能用资产、股票或房子替代。这样一来，手头有多套房子的人不得不打折卖房，卖房的同时还得缴税。征收遗产税不仅有利于合理分配和转移财富，营造更公平的社会竞争环境，也有利于在社会上形成创业奋斗的正面风气。

美国富豪为什么喜欢捐钱呢？很大程度上跟遗产税有关。股神沃伦·巴菲特在 70 岁左右开始琢磨遗产这个事情，最终决定将个人资产悉数捐出。他的资产以股权形式存在，一旦卖掉这些股票，公司股价会下跌，那么其他股东就不干了。

遗产税像一个生态调节器，征收过重不仅会导致财富创造动力减弱，还会导致资本外移。台湾省曾经按 50% 的税率征收遗产税，导致很多台湾人选择在死前把公司迁到国外或移民到遗产税低的国家，以此达到规避税费的目的。后来，马英九上台时把遗产税税率降到 10%，流向海外的钱才又回到台湾省。新加坡不征收遗产税，所以很多欧美高遗产税国家的人喜欢移民到那里。

因此，合理制定遗产税、房地产税的征收比率极为考验政府决策的智慧。常见的方法是按人均房产面积收税或按人均房产套数收税。这两个方法各有利弊，但大前提都是先解决“历史遗留问题”，避免重复征税。

曾经有一次，我和一个在中国社会科学院工作的朋友交流房地产领域的问题。他说，我国开始征收房地产税之前，必须解决好三个矛盾。

第一，在中国，买房者不占有100%的土地产权，只是相当于租了70年来使用。征收房地产税，应该只针对地上的房产部分，不能再征收地税。如果地价决定了房价的50%甚至60%以上，政府应该只针对另外50%或40%的部分收税。假设一套豪宅价值1 000万元，是不是以400万元为基准计算税费更合理?

第二，无论是购房时付全款，还是先贷款买房再还银行月供，中国人买房时已经把土地的“租金”一次性付清了。如果考虑通货膨胀，政府后期在征税时有没有可能提供一个折现率，返还部分费用?

第三，如果我拥有一套房产，也交了相关的税，那我应该享有自由支配它的权利——既然承担了交税的义务，也要享受到产权的权利。比如说，我愿意卖房就卖房，愿意出租就出租。我可以把这套房子作为标的物创造收入，才说明房子的产权是完整的。

我本人非常支持房地产税的出台，同时认为只有先解决清楚房地产税背后的这些深层矛盾，征税才是合理的。每个中国人都应该意识到，未来当你准备投资买房的时候，不能只根据房价上涨还是下跌讨论房产增值的前景，还要把税收因素考虑进去，因为加上上述的这些税，才是你持有房产的真正的成本总和。

新房、二手房、商住房哪个交税更少

据预测，中国楼市最终像美国楼市一样从新房时代过渡到存量房时代，标志是二手房的交易量和交易占比逐渐超过新房。在一些大城市，由于限制供应和开发新房，二手房的成交量可能早就已经超过了新房的成交量。

如果你是首次置业，考虑到成本因素，不一定非要选择开发商卖的新房。你可以在位于郊区的新房和位于市中心的二手房之间做选择。除了房源性质和房价的差异，新房和二手房交易的税费征收标准不同，最终会影响你的购房总预算和总开销。

整体来说，买二手房的税费计算方式要比买新房复杂很多倍。

购买新房时缴税非常简单，你只需要记住一点：交契税就够了。契税是在房屋所有权发生转移时，由承受人缴纳的一种税。征收契税的主要目的是保证房地产权转移的合法性，防止产权纠纷，增加财政收入。契税有一个通行的税率，一般是3%~5%，具体由省、自治区、直辖市人民政府按照本地区的实际情况确定。目前通行标准是房产交易价格的3%，在满足减免条件时，买新房时缴纳的契税可以享受优惠。

和购买新房相比，购买二手房要缴的税，总共涉及三种税——契税、个人所得税、增值税及附加。要不要交后两种税、交多少，要根据房本的年限和所购房产是否是买房者名下唯一房产来判断，从而形成不同的征收方案。

在实际的执行过程中，二手房税费缴纳还会受到房子是普通住宅还是非普通住宅，以及房屋所在区域的政府指导价格的影响。不要小瞧了这些因素，它们也许会让应缴的税费多出十几万、几十万元。

以北京为例，一套房子既可能被划为普通住宅，也有可能被划为非普通住宅。截止到 2018 年下半年，如果一套位于北京五环以内的房子的网签价超过 468 万元或每平方米单价超过 39 600 元，五环到六环的一套房子的网签价格超过 374.4 万元或每平方米单价超过 31 680 元，六环以外的一套房子的网签价格超过 280.8 万元或每平方米单价超过 23 760 元，都算非普通住宅。

我之前看过一个数据：从 2016 年 1 月 1 日到 2017 年 3 月 20 日的 15 个月里，北京签约商品房住宅共计 65 600 套，其中非普通住宅只有 29 642 套，占比 45.2%，并且这个数据里面还包含了限价 200 万元以内的自住型商品房[①]。也就是说，在北京这样的大城市，一个普通刚需买房者买到非普通住宅的概率正变得越来越小。

① 自住型商品房需要满足特定条件才能购买。——编者注

在首付阶段，非普通住宅的首付成数比普通住宅的首付成数要高，全方位提升了购房的预算和成本。想一想，在北京的五环以内，如果你不买小户型房产，有多少房子总价低于468万元呢？最终你不得不凑更多钱购买非普通住宅。

如果你准备在北京购买一套普通二手住宅，已有房产的房本年限满5年且是名下唯一房产时，你只需要交契税；房本年限满2年或者满5年但不是名下唯一房产，则需要交契税和差额20%的个人所得税。如果房本年限不足2年，就要交契税、差额20%的个人所得税和增值税及附加。

在实际操作的过程中，首付能力高的人选择有税的房子更合适。为什么？房子带税，反而把很多买房者限制住了，尤其是首付能力低的人。第一，你砍价更容易。第二，贷款额影响网签价，首付高贷款额低，网签价就低，在同等条件下税费反而可以下调。最终计算总投入时，买一套房本满2年的房子可能比买一套房本满5年且唯一的房子更合适。对于首付能力比较低的买房者而言，房本满5年且唯一的房子是首选，房本满2年或5年且不唯一的房子是次选，房本不满2年的房子最好避开。

在解析了购房缴税问题之后，我们接下来来谈一谈关于购房退税的事情。在以下4种情况中，购房时缴纳的税费是可以退的。在二手房交易时，如果买方交完各项税费后卖方反悔，只要产权没有过户，房屋买卖双方终止合同，同时办理撤销网签手续，税费就可以退还给买家。购买新房可退税的前提同样是房屋买卖双方没有办理产权过户。买卖双方与开发商协商并同意解除买房合同后，就能进入退税申请的流程。如果你家的房子被拆迁，你在购买二手房时可以享受契税减免的优惠，直接全额抵扣税费或缴税后办理退税。出售公房一年内再购买商品房，契税缴纳日起的三年内，纳税人也可以按照规定去地税部门申请退税。直系亲属间赠予房产时，受赠人不需缴纳差额的 20% 作为个人所得税，只需缴纳 3% 的契税和 0.05% 的印花税。

近些年来，网友对商住房的关注度和呼声特别高。中国的商住房面积往往不大，最小的可能只有 20~30 平方米。其中，年轻人和小型创业公司喜欢购买的 LOFT（一种具有高挑、开敞空间的户型）也属于商办房。由于不限购、总价低，中国的商住房不只适用于商业、办公，也被一些年轻人视为过渡住房。但事实上，商住房的购买成本远比住宅要高得多。

首先，购买商住房要缴纳的税费种类比购买二手房更多，包括契税、印花税、增值税及附加、个人所得税、土地增值税等。其次，购买商住房的贷款年限最多不超过 10 年，而且只能申请商业贷款，所以买房的月供压力会很大。这些都是增加的无形成本。

目前市场上住宅权属的分类很多，让人摸不着头脑。比如，某个区域新开盘了一个公寓项目，它是算住宅，还是算非住宅呢？一个可以帮你正确辨识公寓权属的方法，就是看土地年限。如果一个公寓的使用年限是 70 年，那么在土地权属上就是住宅产权；不是 70 年则属于非住宅产权，即商住房。

相比新房、二手房，购买商住房的缴税成本是最大的。但是，买卖二手房的税费组成是最复杂的，如果你怕麻烦，买新房是比较合适的选择，因为手续简单得多，首付也相对好计算。

我认为，买房投资不是纸上谈兵，只有进入实地看房、计算预算、筹备资金的阶段，你才能对楼市交易有更透彻的认知。政策决定了你的缴税额度，缴税多少又最终影响到你能买到什么样的房子。投资是灵活的，买房者要学会合理利用政策，寻找更精明的购房方案。买房是一道计算题。你需要根据房子的条件，结合当前的楼市政策，才能确定需要缴纳的税款总额。买房从来就不是一蹴而就的事情，只有多看房，多做计算题，全面计算成本，才能有的放矢。

买房、租房哪个更划算

买房、租房哪个更划算？这是一笔经济账，但不是一笔简单的经济账。想要回答这个问题，首先要厘清租购并举、租购同权两个概念。

由于租购并举政策的出台，租房市场似乎才有可能与买房市场抗衡，毕竟中国人一直以来更喜欢买房。“租”在“购”的前面，从字面的顺序就能看出近年来谁的势头更猛。一个人买房也好、租房也罢，都是他的自由。不过，一些通用的道理和方法论，仍然可以帮助大家分析清楚各个变量，然后根据自身情况制订更合适的居住方案。

第一，租购并举不仅为租房市场提供更多便利，也变相缩小了买房套利的空间。在买房贷款利率不断上升、首付贷款因风险过高被叫停的同时，租房正享受越来越多的金融便利，比如租房贷款政策的普及。在一些地方，楼市调控紧缩导致买房贷款最高年限由 30 年下降到 25 年，变相提高了买房成本。

第二，未来租房贷款利率也许比买房贷款利率要低。“租房贷”针对的是长租公寓租户，贷款期限短则半年、一年，长则 10 年。“租房贷”属于消费贷款的范畴，年利率一般按照基准利率执行。以 2018 年下半年 4.35% 的基准利率为例，如果一个月租金贷款为 2 000 元，一年则是 24 000 元，那么一年只需要支付 1 044 元的利息，相当于一个月只要分摊 87 元。一旦遇到房贷利率大幅上调的时期，“租房贷”的优势会更加明显。比如在北京、上海这样的城市，楼市调控紧缩期间购买首套购房的利率也要维持在基准利率的 1.1 倍甚至 1.2 倍，算下来，购房成本大幅增加。

第三，房地产税立法对于租房来说是一个利好因素。不少人认为，买房、租房时如果都选择贷款，贷款买房更划算，因为无论是买房者还是租房者，他们都要还银行几十年的钱，还清之后买房者还可以落下一套房子。然而，在房地产税真正落实之前，买房真的比租房更好？不一定。

第四，2010年以后中国房价的快速上涨透支了未来数年的涨幅，相比于买房价格，租房价格一直上涨反而更有可能。随着90后、00后步入社会，越来越多的年轻人选择租房。这并非完全出于无奈。政策、心态都在把他们推向一个主动选择租房的境地，他们愿意多花钱享受更好的租房体验。相应地，大型开发商纷纷进入长租公寓市场，提供个性化、符合白领阶层甚至金领阶层需求的居住产品。租房体验越来越好，随之而来的必然是租房价格的上涨。

第五，租购并举政策鼓励租赁消费，稳定租赁关系，赋予租房者更多的权利，是支撑房地产长效机制建设的政策之一。它不仅仅是构建科学住房观念的重要环节，更可以有效地避免房地产市场大起大落，减少非理性购房需求。

第六，住建部有关负责人表示，租房居民未来将在基本公共服务方面逐步与买房居民享有同等待遇，同时敦促人口净流入的大中城市加快发展住房租赁市场。租购同权是好事，但也没必要夸大它的含金量。在有关租购同权的讨论中，无论是租房者还是买房者，都很关注一个问题——租房可以让孩子就近入学吗？租赁合同是有效的居住地证明，足以作为孩子入学的“门票”，“租房上学”这一趋势可能会越来越强化。不过，前提是房东把上学名额让渡给租户。

总而言之，“房住不炒”的方向是确定的，而租房、买房哪个更划算，大家还需要长期观望，结合自身情况做明智的选择，因为只有适合自己的才是最好的。

学区房的价值与成本

学区房是每个家长心中的一个结。但是，学区房是怎么来的？学区房的价值在哪里？有没有必要买学区房？

就近入学政策催生了中国学区房的出现。作为教育改革的成果之一，就近入学政策最初的目的是控制“条子生”“择校生”“共建生”等生源，最大限度地保证各个学校附近的学生享受教育公平。不曾想，就近入学政策的出台却引发了抢占教育资源的热潮，也让学区房变了质。

学区房房价飙升的一个原因是炒房。为什么北京一个破旧的小学学区房能卖到30万元/平方米？为什么还有一堆人抢着买一个老胡同的过道学区房？学区房不仅仅是一张让孩子入读附近学校的通行证，也是日后通过房产转让获得几倍利润的投资机会。

学区房房价一路飙升的另一个原因是学校的直升制度。以北京市的学区房为例，西城区学区房价格通常比教育资源很好的海淀区学区房还要高，为什么？因为在西城区买一套直升学区房，就意味着孩子从小学到高中可以读全北京最棒的学校。相比之下，孩子想要进入海淀区顶尖的高中就读，变数就多了，除了在校学习可能还需要在课外恶补奥数和英语，考取更高的分数。海淀区学区房的光环减弱，价格就会低一些，但是和其他区域的学区房相比，海淀区依然能笑傲江湖。可以说，教育资源分配的马太效应加剧了学区房的恶性发展。优质教育资源过度集聚使得好学校越来越好，坏学校越来越差，家长势必更加纠结于买不买学区房。

如果决定购买和持有学区房，大家要注意以下几点。

在孩子入读对应学区的学校之后把房子卖掉时，孩子不需要转学。但购买你所持有的学区房的人会受影响，因为有的地方强制要求“6 年一个学位”——最近 6 年内只要有人占用过这套学区房的唯一上学名额，那么买了这套学区房无法获得一个新的名额。买房者在买学区房之前务必做好调研，比如，提前去派出所户籍室查询一下该套房子的学籍和户口是否被占用。卖房者更要算清楚这笔账，如果自家孩子刚就近入学不久就想把房子脱手变现，那么因为这条限制也卖不出好价格。

如果大家未来准备送孩子出国念大学，就不用考虑学区房的问题了，因为私立学校和国际学校对户籍和学籍往往没有强制要求。

另外，受生源人数的影响，每所学校每年都会适当调整招生区域，这势必会影响到有就近入学需求的买房者，家长们要做好资料搜集准备和备选方案。我建议买房者在考察房源之前，前往教育部门了解清楚是否会出现学区重新划分的情形。位于两个学区交界线附近的房产持有者要更加当心，如果原本的名校学区调整为一个普通学区，就会导致花高价买房而孩子无法上名校的尴尬情况。

05

数据与涨跌

判断房价涨跌的 8 个指标

2017 年、2018 年的房价下降让很多人觉得房地产市场转向了。过去 10 年，在任何一个时间点买房的人，即便当时看上去很不适合下手，后来还是能赚回来。房价涨跌的趋势走向是有据可循的。我总结了 8 个指标帮助大家判断房地产价格趋势。

第 1 个指标是当地的 GDP 水平。根据宏观经济研究，经济增长一般从人均 GDP 达到 1 000~2 000 美元时开始。当人均 GDP 达到 8 000 美元时，温饱问题基本解决，住宅市场逐渐饱和。当前，中国的人均 GDP 已经超过 8 000 美元，这意味着整体住宅供应量已经处于饱和的状态，所以近几年很多城市的住宅逐渐滞销。

第 2 个指标是一个城市成交的新房二手房数量比例。如果一个城市每天卖 6 套房子，其中 3 套是新房，3 套是二手房，新房二手房成交比为 1∶1，这就意味着楼市接近饱和，北京、上海等很多城市就是如此。但是如果新房二手房成交比不足 1∶1，比如说卖了 6 套房，其中 2 套房是新房，4 套房是二手房，说明这个市场已经饱和，房价快速上涨的动力减弱。

第 3 个指标是人口增长量。人口净流入量为正，房价上涨，反之下跌。住宅和人口数量高度相关，如果一个地方的人口数量没有增长，那里的房子一定会贬值。为什么说去东三省（辽宁省、吉林省、黑龙江省）买房要慎重？东北每年有 180万~200 万人离开家乡外出打工，甚至到海南定居，因此东北的住宅投资价值不大。北京、上海、深圳的房价为什么不跌？那是因为北京和上海的人口每年净增长五六十万，而深圳已经是人口过千万的城市，现在还在增长。在北京的朝阳区，光是中央电视台就带来了几万人租房、就业、消费、娱乐的需求，所以这个地区的租金持续上涨。

第 4 个指标是人口增长中积极人口增长的部分。众所周知，美国硅谷聚集了受过良好教育的科技人才。其中一些人在那里创业，既创造了就业机会，又带来收入，这种人口增长本身就是一种积极的影响。在中国，过去制造业、出口对 GDP 的贡献最大，而现在服务业、科技产业造福 GDP 增长。有一件事情非常有趣，天津人做了几百年煎饼果子，当地却没有一家年营业额超过 1 000 万元。但是，北京有一个创业者利用互联网思维做煎饼果子，公司市值高达 20 亿元。这个创业者不仅实现了个人价值，还创造了很多就业机会，带来了更多的社会效益和经济效益。

第 5 个指标是经济的增长。近 3 年以来，城市经济的增长发生了很大的变化。10 多年以前，经济增长是外延式的，主要依靠制造业、基础服务业和包括原材料、能源在内的传统实体经济。所以过去的经济增长表现得更直观，城市越来越大，基础设施建设的投入也越来越多。结果，从事挖煤挖矿的人赚钱了，做出口加工的人也赚钱了。而说起现在，我就想到一道老歌《新鸳鸯蝴蝶梦》的歌词——由来只有新人笑，有谁听到旧人哭。新人是谁呢？我们叫它“五行业”——互联网、云计算、人工智能、基因生物、大娱乐大健康。每一个行业都与高科技密切相关。那旧人是谁呢？就是刚才我们讲的传统制造业、矿产、能源行业。新旧行业的不断更替促进了社会进步。

现在，互联网企业的集中度高到什么水平？数据显示，全国排名前 2 000 的互联网公司有 60% 在北京，30% 在深圳，剩下 10% 分别在杭州和上海，其他的城市几乎没有。中国的电影娱乐行业差不多有 100 亿美元的市场。五大互联网娱乐公司——中影集团、光线传媒、北京华谊兄弟影业、博纳影业和万达影业——控制了中国 90% 的电影行业，它们都位于北京。大文化、大娱乐行业的领军者几乎都在北京，基因生物研发的前沿阵地主要在深圳，而领先的金融服务业分布在北京、上海、深圳。未来的整个经济地图都变了，今后的房价“高山”只会在北京、上海、深圳、杭州、广州、苏州、厦门、成都等城市，剩下的地方都是房价“平原”。

第 6 个影响住宅价格的指标是税收。如果房地产税或遗产税在中国出台，本来你买了 5 套房产并打算传给你的子孙，那现在得赶紧出手或重新进行资产配置，比如，卖掉 3 套房子换 1 套更大的房子，否则你的后代可能交不起遗产税。假定 1 套房子价值 1 000 万元，按照美国接近 50% 的遗产税率计算，继承人需要缴纳几百万元的税才能成功把房子过户到他的名下。在国外，经常有人因为交不起遗产税，不得不先去借现金把税交完，再拿房子抵押贷款。这个过程很折腾，如果被继承人12月下旬去世，房产继承人根本没有时间折腾，因为来年就得交税。遗产税、财产税、增值税的征收导致持有住宅的成本变高，大家买房的意愿也随之降低。相反，在税收比较低的地方，比如像新加坡、中国香港、中国台湾，综合的税率大概为11%，那里的人就更愿意持有不动产。

第7个指标是汇率。人民币不断升值，在国外买房的人就会越来越多。国外房产的产权是永久的，而且贷款流程简单，利息也很低。但是，如果人民币贬值，在国外买东西（包括房子）相对来说会更贵，很多人可能就不打算出国买房了，特别是大城市的高收入人群。

最后一个指标是人们对于社会经济发展的长期预期。有购买力的人口如果对一个城市或国家的经济发展有一个良好的长期预期，他们就有意愿去那里置业。反之，他们选择去一个地方置业的意愿降低。显然，这种社会心理偏好对住宅的价值变化来说至关重要。

房价下降可信吗

每个月国家统计局都会公布 70 个大中城市房价指数。官方数据显示，自从房地产市场实施调控以来，北京房价呈现下行趋势。2017 年 5 月，北京房价同比下降 2.8%，环比微降 0.2%。不止北京，在调控政策的影响下，全国住宅价格环比下降，涨幅出现回落，涨幅回落城市的个数也有所增加。一二线城市房价同比涨幅回落得尤其明显。

国家统计局遵循正规的统计方法，给出的数据自然值得信服。但是，有人会问：为什么数据显示房价下跌，我们在实际生活中仍感受到买房不易呢？这里不得不提到一件被大多数人忽略的事情——关于房价的统计和研究是以整个城市为单位的。

在北京这样的特大型城市，核心区和郊区的房价往往相差很大。在西城、海淀等核心区，房价高达 8万~10 万元 / 平方米不足为奇，但在延庆、平谷等偏远郊区，一套房子以 2万~3 万元的单价成交也很正常。如果不按照环线或板块划分，而是以全北京市为维度，把北京的二环、六环房价加在一起平均计算，我们得到的数据并不具备那么大的参考价值。

接下来，我们再看看 2017 年上半年北京新房市场的成交情况。相比于 2016 年同期，单价 2万~5 万元 / 平方米的首次置业房产成交比从 60% 下跌到 41%——在北京 2017 年半年成交的房子中，刚需房的占比下降。但是，单价 5万~8 万元 / 平方米的改善型房源的成交比例，同比上升 18%。最终平均下来的北京房价确实比一年前便宜，但买改善型房子的人的比例超过了买刚需盘的比例，大部分人买的是单价更高的房子。高价楼盘热销的新闻也给大家造成一个假象——数据欺骗了你，房价根本没有下跌。

再举个例子。前几年，北京的房地产市场出现了一种自住型商品房，位置有远有近，价格便宜。一套位于四环的房子可能才卖 2万~3 万元 / 平方米。可想而知，这些物美价廉的自住房大量供应，一定会冲抵豪宅高价房在数据上的表现，然而只有少数人有资格购买自住房，大多数人还得去市场上购买高价房。同样，将自住型商品房的数据和现实进行对比，大家也没那么相信房价下跌这件事情了。

既然数据的参考价值有限，那么市场是否也在无形中推波助澜，诓骗了你？为了确保调控成果，管控比较严格的地方政府，在房地产项目开盘时会和开发商约定一个限定的销售价格，这个限价往往比预期的价格低很多。如果开发商按照政府批准的价格卖房，可能会无法达到预期的利润。所以在实际销售的时过程中，开发商往往采用捆绑精装修、房子和车位打包销售的形式，不只卖房，还卖房子的配套产品。最终造成的局面是：开盘房价很低，买房者付的首付也比楼市调控前低了不少，但同时必须缴纳少则几十平方米，多则一百多平方米的精装修费用。即使每平方米按2 000元算，一套房的精装修费用也要几十万元。如果在捆绑车位销售的情况下买房，买房者少则要多花几万元、十几万元，多则要在原来房价的基础上加几十万元。这样一来，虽然房价被管控，但首付和总房款不仅没有什么变化，甚至还可能增加了。

从统计学角度来看，每平方米的产权房价格毫无疑问下跌了。打包一算，买房者从口袋里掏出的钱却更多了。当房价开始下跌、市场趋冷时，开发商出于经营业绩和利润的考虑，开盘意愿会走低。相比于低价售房，开发商更愿意努力挺过房地产市场的寒冬期，之后再以一个比较高的价格出货走量。当房地产市场处于下行期，大家很少看到开发商一夜之间售罄几百套房源的新闻。此时，开发商会暂停供应以减少新盘入市量；即便入市，也只放几十套房源。开发商一直把控着房源，导致成交速度放缓，那么买房者感受到的降价氛围也不会很强烈。这是官方数据显示房价下降，而买方市场感受不到降价的另一个原因。

房价数据以及人们对房地产市场的预判，决定了人们是否出手，何时出手，怎样出手以及选一个怎样的房子。了解数据“失真”背后的各种原因，是建立正确观察中国楼市的坐标系的基础。从买房角度来看，无论是置业还是投资，我们都更需要明白整个房地产市场生态基本的运作情况和规律。从生活角度来看，无论是开发商还是买房者，对对方都有了更多的理解，也不会再有那么重的戾气。

别信“金九银十”

在中国房地产飞速发展的 20 多年时间里，“金九银十”基本上是开发商们一年中最美好的时光。“金九银十”的说法虽然盛于房地产行业，但并非起源房地产。它首先是一个时间概念。在中国农业社会，9 月、10 月是秋收时节，农民们心情很好，相应地，他们在那时的家庭消费明显增加。投射到房地产行业也是一样，这两个月买房置业的需求比较旺盛。再加上后来中国实行了国庆节七天长假制度，大家可以在假期中好好地看房、选房。买房者和开发商皆大欢喜。

最近几年，情况似乎有点变化。中国房地产尤其是住宅市场的政策走向，越来越趋于紧张。从中央到地方各部门，都在强调住宅的基本属性是居住。在“房住不炒”的定位和政策影响下，“金九银十”基本会成为开发商们美好的回忆。

总的来说，有几个原因影响了“金九银十”未来的走向。

第一，9 月、10 月如今已经不再是房地产市场全年集中推盘的最高峰时期。在市场一片红火的时候，万科这样的房地产龙头企业 2017 年前 8 个月的销售额已经超过了往年的全年水平。虽然2017年一二线城市的楼市调控很严格，但万科、碧桂园、恒大、融创等很多公司在三四线城市多卖出的房子数量远远高出一二线城市少卖的房子的数量。现在，开发商们并不需要把宝押在某一个时间段，因为好时节几乎贯穿全年，9月、10月的重要性没有以前高了。

第二，过去“金九银十”建立在开发商自己掌握开盘节奏的基础上。但目前市场调控形势严峻，能不能开盘不在于开发商想不想，而在于开发商能不能从政府那里获得商品房预售许可证，从而有资格卖房。开发商随心所欲地开盘越来越成为一个虚妄的主观心愿。如果政府不批准预售证，不通过房产价格审批，楼市开盘就无从谈起。如果已经获准的预售证上对开盘价格限制过多，开发商以往在9月、10月的美好心情，或多或少都会因为手中的房子卖不到心理价位打折。

过去，“金九银十”时，楼市流行提前蓄客、批量开盘，一次开盘放出几百套房甚至上千套房，开发商至少可以回款十几亿元。现在，在大城市，批量开盘的现象已不常见，开发商普遍走低调路线，同时开盘次数变多。这一切归根到底是因为市场变化了。当前，基本面改观的可能性不大，楼市借着一个国庆节假期重回高温的概率也基本为零。

第三，在目前的贷款环境和贷款制度下，买房者买房的意愿不会非常强烈。如今很多城市实施限购、限贷，首付比率持续提高，如果其他月份不适合买房，9月、10月不存在突然改善的可能性。另外，整个中国的房地产环境从2017年起发生了悄然的变化。“房住不炒”强调的是房子的居住价值，无所谓买房还是租房。相比于政策紧缩的房地产交易市场，租赁市场的政策宽容度在快速上升。

租购并举、租售同权等政策引导人们重新思考买房的必要性。在交易市场内部，自住型商品房、共有产权房已变成值得买房者思考的替代选择。买房要看政策、看市场、看利率、看预期，而且出手不出手，变数较多，但租房不同。租房年年有需求，月月有需求。一旦全新的租房观念植入中国人心里，无疑对交易市场是一个很大的冲击。现在报道“金九银十”的新闻越来越少，但报道毕业季租金大涨的新闻却越来越多——这就是一个信号。

以我之见，现在还鼓吹买房赶趟、“金九银十”批量促销，是对买房者不负责任的行为，是在编织销售谎言。未来，房屋交易热度和自然月份的关系可能会越来越小。开发商和买房者，都应该在全新的形势下学习控制风险，管理投资预期。

无可奈何花落去，“金九银十”的淡出终究无法改变，它会慢慢成为开发商和买房者心中的回忆。但是，中国房地产走了这么多年，现在所讲述的故事也注定与20年前不同。变化并不一定是坏事，重要的是，无论是开发商还是买房者，都要有能力应对变化。

日光盘谎言

2017年的一天，一个网友在“冯仑风马牛”微信公众号后台留言，问我怎么看待南京抢房新闻。在这之前，我没听说过这件事，于是特意搜索了一下新闻，结果震惊了。这似乎是一个“人傻钱多”的故事。

新闻标题是这样的：火爆！南京10楼盘开盘万人排队抢房！有人连夜带帐篷棉被排队！我震惊的原因有三个。第一是标题很长、画面感很强，不由得感叹记者捕捉细节的能力；第二是标题有20多个字，竟然用了三个感叹号，看来连熟悉当地交易环境的媒体都认为10个楼盘一起开盘、万人抢房这件事不一般；第三是当时全国楼市正处于严格调控阶段，按理说供需应该双双遇冷，为什么热门城市还能出现楼盘热销的局面。

这位网友的提问引发了我很多思考。中国是大国，城市多，人口多，房地产市场房屋供应多，成交量也大，动不动就能制造大新闻。中国买房者可能是全世界最紧张的。类似于南京万人抢房的消息一旦在网络上传播，大家的心很容易就被揪起来。说不定这万人里面就有不少人是因为恐慌才加入抢房队伍。

南京作为一个二线城市，那里的买房者已进入癫狂状态。2017 年 11 月 14 日的夜晚，每人平均携带 180万~400 万元的银行存单来买房。10 家楼盘，一共 3 200 套房，总价值高达 100 多亿元。如果按 3 万组蓄客量计算，南京的购房客合计动用了将近 1 000 亿元的资产。

看客们看到的是楼盘热销，却不一定能分辨热销的真假及热销的原因，也不能认清市场现状。为了探究南京热销事件背后的真正原因，我决定从专业的角度做出解析，希望可以帮助关心这件事的网友们厘清思路。

10 个楼盘在同一时间段开盘，驱动力不一定来自市场回暖，也许是政府有意调控。现在新房的预售证什么时候批、什么时候开盘、什么时候用一个什么价格来卖，通通都在政府的管控范围之内。南京热销事件绝不是简单的 10 个楼盘不谋而合，因为开发商并不能完全决定什么时候卖房子。

那么，为什么会有万人来抢房呢？这来源于楼市调控时期新房限价带来的房价倒挂。在南京，开发商拿地价格较高，但政府限制新房价格，因而房龄更长、居住舒适度更高的新房在流通时的价格远远低于周边二手房的价格，自然遭到抢购。在南京这次开盘的项目中，不少项目开盘价格比周边二手房便宜数万元，最低甚至只要 3.5 万元 / 平方米，这种趋势自然会将买房者从二手房市场赶向新房市场。

房地产市场是否回暖要综合判断，而不能凭看新闻里的热销妄下结论。热销往往只是结果，前提和深层原因却要深入分析才能明了。在一个城市，二手房的交易情况更能反映当地市场活力，因为二手房成交受政策影响和限制比新房要少一些，它的价格相比较而言更能全面反映供求关系和价格现状。相关房地产政策的出台对于新房价格有很强的约束作用。尤其在一线大城市，往往新房的价格是低于二手房价格的。此时自然有很多人排队抢购新房，但是这不能完全反映市场的真实情况。

网友还提问，为什么此次在南京购房，首付要提高到八成，甚至买一套房子必须提前验资，银行卡上需有200万~300万元才有资格摇号？未来买房会不会越来越难，这次不买就买不上了？这依然是错觉，首付提高、提前验资都是开发商有效筛选购买力的手段。房价便宜时，买房者太多，买得起、买不起的都来排号，也会导致市场乱象。对开发商来说，让真正具有购买力或购买力更强的人买到房子，回款速度更快，百利而无一害。设置一些要求筛选购买力高的人，更精准地实现销售目标，也是可以理解的。

在下次被房地产开盘热销的消息刷屏的时候，大家要看懂这几个门道。热点新闻、热点楼盘看起来很热，并不一定意味着房地产市场真的热起来了或者房价真的就是新闻所表达的那样。在南京开盘新闻刷屏的同时，其实很多人都忽略了：南京房价已经连续11个月没有上涨。国家统计局发布的2017年10月70个大中城市的住宅销售价格数据显示，南京2017年10月的新房价格同比下跌了1.1%，自2017年以来南京新房价格首次出现同比下跌——这才是南京楼市的真相。

2017年这一轮楼市调控确实令民众受益——市场强制价格不涨，自然让当下成为买房的好时机。调控带来的结果是，买房者有了更多的选择，但要因此承受抢房的压力。当下也很值得换房。虽然你要卖的房子价格下跌了，但是要买的房子价格也跌了，一卖一买之间，也许蕴含着好机会。当然也要注意一点，房价降了并不意味着买房的成本下降。买或不买，买房者要具体结合每个楼盘的房源情况和口袋里的钱来衡量。

说一千道一万，防止新闻诱导，不要成为恐慌情绪的奴隶。之前，有人轻信新闻，因为害怕房价继续上涨、砸锅卖铁买了房，后来又追悔莫及。新闻里常有陷阱。“黄牛排队1 500块一个号”“带帐篷棉被连夜排队”这样的字眼，只是对市场的趣味性、故事化演绎，很难称为对房地产市场的真实还原。

如何判断拐点

拐点本来是一个数学术语，但在房地产行业得到引申。据我多年观察，无论是大拐点还是小拐点，它的到来都有迹可循。但是，微妙的时刻转瞬即逝，所以每个人都要锻炼自己的判断力。以北京为例，2018年春节之后的房地产市场发生一些新变化，但是很多人都没有意识到。

第一，2018 年第一季度，北京市二手住宅网签量达 29 044 套，与 2017 年同期相比，网签量下跌了 43%，但环比 2017 年四季度则上涨了 16.7%。同比高点仍然大跌，但环比数据更有价值，这意味着 2018 年第一季度的成交量，相比 2017 年四季度上涨了 15%~20%。春节长假期间，大家购房的意愿普遍较低，而 2018 年第一季度包含了这个长假，试想一下，如果不考虑春节因素，房地产市场真实的热度有多少？这个问题确实值得掂量。

第二，北京二手房带看量快速回温。链家是北京房产成交量最大的中介公司，数量大误差率才低，为此我查看了链家的相关数据。2017 年 4 月是楼市调控后的第一个月，北京链家有二手房新增房源 16 791 套，带看量为 37 万人次。在实施调控一年后的 2018 年 3 月，链家新增房源 22 603 套，同比上涨 35%，带看量达到了 51 万人次，同比上涨 38%。

第三，北京链家的中介费率开始上涨。关于中介费率，链家一直以来的对外口径是 2.7%，其中 2.2% 是中介费率，0.5% 是资金管理费。在市场下行期或成交面积较大、总价较高时，中介费可以往低了谈。2017 年底，北京链家对外收取 2.5% 甚至更低的中介费是常态，但 2018 年春节之后中介费再次上浮到 2.7%，因为市场热度上升。

第四，在看房端，之前同一套房子的带看量可能不低，但即便中介公司人为安排，多个买家同时看房的概率并没有那么大。春节过后看房热度确实上升了。带看量数据上涨是一方面，与业主谈价格时议价空间变小是另一方面。你不买，别人可能就买了，所以业主挂牌价格相比之前也有所提高。

再来看看价格。价格上涨不是原因，而是市场变动的结果。市场热度起来了，看房热情提高了，买方更有诚意了，卖方更强势了，最终表现的结果是涨价。当你看到涨价的时候，最低的拐点其实已经过去了。

2018 年第一季度，北京二手住宅成交均价为 53 369 元 / 平方米，环比 2017 年第四季度均价下跌了 3.6%，同比 2017 年第一季度下跌了 12%。与 2017 年房价峰值时的第二季度相比，房价跌幅更是达到了 14.7%。

目前，一切仍维持在一个很安全的状态，但当影响房价的所有因素都微妙改变，房价止跌并抬头可能就是注定的结果。真实的数据不会说谎。2018 年 3 月，北京二手房签约量达到了 12 104 套，继 2017 年 12 月和 2018 年 1 月之后，二手房月度销量再次突破万套大关。此外，这一成交量也创下自 2017 年 4 月以来近 12 个月的销量纪录。成交量上涨的结果是什么？大家都应该心里有数。房价抬头和小幅上涨给大家带来的购房成本增加少则数十万元，多则数百万元，因此想买房的人对这一趋势应有所察觉。

另一组数据也揭露了一个真相——2018 年第一季度房价抬头由刚需支撑，不存在泡沫或者投资的虚假指标。2018 年第一季度，二手住宅购房客户在支付方式方面，使用公积金、全款、商贷和组合贷的比例分别为 34%、29%、20% 和 17%。与 2017

年第一季度相比，使用公积金支付者占比提升了 17%，全款支付者占比提升了 2%，商贷支付者占比减少了 33%，组合贷支付者占比提升了 14%。公积金、贷款支付占比大幅度提升，反映了在大力去除金融杠杆的房地产市场调控背景下，购房需求更趋理性。购房客户更多地由置业升级的改善客群转化为首次置业客群。改善客群受制于购买第二套房的高额首付款，更多地选择放弃改善或者降低改善目标，量力而行。购房客户的置业观念更加理性健康，不再千方百计地利用各种杠杆购房，而是从自身经济情况出发，根据自己的首付能力和月供能力理性购房置业。2018 年第一季度，北京二手房住宅市场成交客户的平均看房次数为 5.69 次，环比 2017 年第四季度上升了 2.7%，同比 2017 年第一季度则上升了 97.6%，说明买房者更加理性、楼市更加透明。这时候，市场的微妙变化是真正靠谱的转向，而不是伪拐点。

06

判断与决定

首付贷比毒品可怕

似乎没有哪种金融产品能像首付贷一样，曾经让买房者和开发商都乐此不疲。对于买房者而言，如果有首付贷帮忙，他就能降低买房的门槛，缓解自有资金不充足的压力，实现买房梦。对开发商来说，在市场中更多地运用首付贷作为杠杆，一方面能吸引更多的客户买房，提升销售额，另一方面能在提供金融产品的同时实现价值增值，赚取房屋销售额以外的利润。可是，为什么政府却不断禁止，甚至把首付贷列入严重违规名单呢？仔细想想，万物守恒，怎么会存在一种只有利没有弊的事物呢？

在判断首付贷是好是坏之前，我们必须搞清楚首付贷是什么。首付贷是一种相关机构以不同科目名义向购房支付能力不足或资金需求比较强烈的买房者提供首付阶段的贷款，使他们达到抵押贷款的首付比例和银行抵押贷款的放款要求，完成贷款买房行为的产品。

首付贷最大的特点是，帮助买房者在正常抵押贷款之外，再依靠贷款补充一部分购房资本，它的本质是买房过程中的借贷金融产品。首付贷涵盖的具体金融产品不止一种。一部分首付贷产品是以个人消费贷款等名目由相关机构来发放，还有一部分首付贷产品是由 P2P（网络借贷平台）等互联网金融公司的资金穿透而来的，其中有不少游离于现有监管体系的民间资金，甚至包括一些高利贷和违规集资等。

2018 年最可怕的事件是什么？ P2P 爆雷事件。炒房的人将自有的房子进行抵押，获取消费贷款资金然后继续投资房地产市场。这种操作看似是申请消费贷，其实是通过反复抵押的方式加杠杆。炒房人的投资是一个环环相扣的贷款单，一旦一环破裂，全盘皆输。首付贷就像一颗地雷，随时可能爆炸。随时可能产生爆炸效果的首付贷潜藏着诸多危害，主要有以下 4 点。

一是首付贷在房价上涨的背景下会加速杠杆率的提升。很多还款能力低的买房者轻松进入市场，最后由于还不起贷款反而招致违约。因此，他们在不恰当的时候炒高了房价，又在房价下跌的时候造成银行坏账，引起法律纠纷。

二是在房价下降的情况下，一旦首付贷出现断供或违约，整个金融系统会遭到重创。不仅如此，如果对首付贷不加以限制和规范引导，将导致其在楼市中资金占用体量过大。在首付贷爆仓后，实体经济将受到非常大的影响。

三是首付贷意味着楼市风险加大。首付贷和杠杆率呈正向相关关系——首付中贷款部分越高，杠杆率越高，买房的风险就越大。

四是首付贷没有听上去那么美好。首付贷披着消费贷的外衣，实际上是“假消费、真买房”。消费贷获批难度不大，所以首付贷常常假借消费贷的名义逃避监管。如果中国楼市中大量买房者打着其他消费贷产品的幌子完成首付，就变相地增加了中国楼市的泡沫。

种种迹象充分证明，在实际操作过程中，无论是客户方面、监管方面还是资金运作方面，首付贷都存在模糊地带和违规风险，极容易引发系统性金融风险。首付贷喜欢打法律法规的擦边球，这对于金融监管者来说是绝不能允许的。为了严格管控首付贷，政府在楼市调控格局中重点实施了一系列措施。

严查首付贷是这一轮楼市调控的决心，也是保证经济平稳运行的重要手段。目前，各地楼市调控政策持续加码，市场出现明显的平稳趋势。但是，部分银行依然有大量资金进入房地产领域，特别是以消费贷的形式，这不仅会带来很大风险，也可能彻底破坏楼市调控的成果。

严查首付贷其实是保护买房者的利益。当买房越来越难，成本越来越高的时候，首付贷的确能暂时发挥积极的作用，但当持续的楼市调控给市场降温，房价趋稳甚至略有下降时，进入市场的首付贷资金不仅让买房者承担断供的风险，也要承担违规操作带来的金融风险。政府加大对首付贷的监管，抵制和剔除此前使用首付贷购房的部分，将首付贷从市场上挤出去，一方面有利于稳定市场，另一方面有利于规范金融秩序、防范金融风险。

用管控的方式抑制依赖高杠杆买房的人的投资冲动，抑制一些不切实际或者超出个人能力的需求，无论对个人还是市场来说都十分有利。首付贷就像毒品，害人不浅，人们一旦上瘾就很难再摆脱。在首付贷遭遇严厉打击时，买房者和开发商先别着急。在了解了政府调控的初衷和立足点之后，人们才能真正明白自己避开了一个陷阱。

与房地产相关的金融产品绝非只有首付贷一种。解决中低收入人群住房问题的金融手段有很多，比如房地产众筹。作为中国房地产众筹联盟轮值主席，我非常看好众筹模式的前景并乐意积极探索。

中国房地产已经进入一个多元化的发展时期。在前 20 年，房地产发展模式比较简单，基本上是住宅开发和销售。四五年前，房地产发展的模式开始多样化，现在进入多元化时期。就像人的成长过程一样，青春期的主旋律是长个儿、长肌肉，后开发时代是长智力、长技能、长价值观、长更多的生活经验，房地产未来也将进入一个全产品线、全产业链、全商业模式的时期。在这个阶段，我们可以做更多事情，从而影响和改变整个房地产行业。

多元化的时期要求我们解决多元化的问题，尤其是如何满足中低收入人群的住房需求。我认为，这也是房地产行业面临的一个巨大挑战。房地产众筹如果能实现专业性、公益性，同时做到有效、高效，一样能够解决中低收入者买不起房的问题。当然，房地产众筹还有很长的路要走，也一样面临诸多问题，这就是我们今后要努力完善的方向。

小产权房不会复活

总有一些人对小产权房抱有幻想，希望有一天它能合法化。集体建设用地批准入市也营造了一种假象——小产权房似乎可以堂而皇之地回到合法的轨道上来。这其实是一个误解。

小产权房是一种约定俗成的称谓，它的形成有特定的历史原因。我们通常说的小产权房，主要是指在农村集体建设用地上建造的房子。土地使用者没有缴纳土地出让金，产权证不是由国家房管部门按照统一制式和标准颁发的，而是由乡政府和村政府颁发。小产权房也叫乡产权房或者村产权房。这样一种特殊的房屋建造形式和产权形式之所以会出现，主要是因为城市的房价偏高。一些地产商及农村集体土地上拥有控制权的经营实体或者公司借机建造一些相对便宜的房子，吸引在城市买不起高价房的人群。

小产权房不具备完整的产权形式，不能抵押，不能进入长期租赁市场，是一个尴尬的存在。小产权房占用的是集体建设用地，而大产权房——城市商品房占用的则是政府征用的国有土地，这是本质差别。小产权房的土地使用者不缴纳土地出让金以及相关的一系列税费，大产权房则必须承担大量税费。比较之后，一些人发现小产权房的成本低得多，于是冒险抢购小产权房。正规的商品房本身价格就高，加上一系列相关税费之后总价进一步上升，因此在城乡交界区域流失了一部分客户。

既然小产权房一直存在，是不是有一天也能走到阳光下来？很多人认为小产权房的合法化指日可待。但是，在中国的法律框架内，小产权房的概念并不存在。小产权房不会获得国家房管部门颁布的土地证，也没有销售许可证，它的购房合同也不会在国土资源局备案，所以它不具有合法有效的产权形式。小产权房的产权证既不具有法律效力，也得不到法律保护。

小产权房大多分布在大城市的边缘地带和城中村。在国土管理层面，城市建设用地和农村集体建设用地性质不同，管理方法也有所不同，所以城乡交界处和城中村就会出现一些土地政策模糊的地带，这也为小产权房的发展创造了制度空虚，提供了成长空间。小产权房的建造与交易是不合法的，它只具有有限的房屋使用权，没有完整的产权。小产权房不受现有的房地产相关法律法规保护。在分析了小产权房“转正”的重重困难之后，我认为它“转正”的成功率基本为0。

如果小产权房不能“转正”，买房者购买小产权房，就只能享受它的居住价值，不能期待它的投资和升值空间，同时需要承担非常大的风险，尤其是当政府要征地拆迁或者买房者要做银行抵押或交易房产时。房子的性质不仅会影响资产管理的效率，也会影响家庭财产形式的完整性。小产权房不等于财产，只意味着财产的使用权。

很多开发商利用大家对高房价的恐慌心理，错误解读政府的楼市调控方向，故意释放一些烟幕弹，比如“小产权房有出路了，大家抓紧时间来买”。此外，农村集体建设用地可以入市，而且政府特别鼓励在集体建设用地上建设长租房，加上集体建设用地时间延长了 30 年，这一系列信号让一部分人更加确信小产权房会复活。

目前来看，谁买小产权房砸谁手里。大家一定要对小产权房有正确的认识，不要掉到坑里。土地政策的改变和制度的变革的确增加了特殊形式的房屋的供应，也会增加未来长租房的供应，但是并不等于说小产权房能够豁免于违章问题，或者在法律层面上复活。在投资层面，小产权房也几乎不具备变现的可能性。

真优惠与伪优惠

在房地产市场行情上升的时候，无论是中介公司还是售楼处给你打电话时，说辞永远都是“手慢无”，刻意营造一种紧张的气氛，迫使你赶紧做决定，而且态度也不是很好。在房地产市场下行期，中介或售楼处往往语气平和，还不停地用各种优惠刺激你买房。

目前，不少城市的楼市进入去库存的状态。如果你去售楼处或跟着中介看房，可以看到各种优惠，比如特价房、首付分期、免中介费、团购、众筹等。这些优惠的本质是什么？开发商和中介推出优惠的初衷是什么？哪些优惠是真优惠，哪些又是打着幌子的伪优惠？

为了回答这些问题，我挑选了5类常见的优惠手法，给读者做一点分析。

第一类手法是特价房。特价房分成两种，一种是房源位置、楼层、采光等限制因素造成的特价房，另外一种是在楼市上升期依然宣称卖特价的房子，后者似乎在逻辑上站不住脚。房子卖不出去的时候打折可以理解，但为什么行情好的时候房子还会打折？

羊毛出在羊身上。为了吸引买房者，开发商把原价提高了之后再打折，和“双11”促销采用的是同一个套路。在这种情形下，开发商的最终目的是去库存，并不是因为真的卖不出去房子。一些开发商推出特价房属于无理由打折，只要买房者认购房产就打八八折，在此基础上，支付全款有折扣，贷款也有折扣。但是，有些开发商的营销理念是永远把房价多说10 000元，然后在开盘时以打折价格成交——买房者开心了，开发商也没亏本。

我并不是劝大家躲着特价房走，而是希望大家做到心中有数，在交认购金前对比一下周边楼盘的售价和该楼盘的历史售价。买房者不能冲动，而要三思而后行。

第二类手法是首付分期。在环京地区，首付分期是市场上的主流促销方式。一些开发商热衷于使用这种方法，而使出这一招的企业，也不一定是因为资金链出现了问题。但是，这些开发商为什么愿意让买房者用比较少的首付买到房子呢？

据我观察，每年第三、四季度，首付分期的活动如火如荼。为什么在这个时间段出现这种局面？归根结底，开发商在年底需要冲业绩。首付分期可以帮助开发商先以比较低的首付款要求从买房者那里揽过来一笔钱。等到年底的销售额统计结束，满足了销售数字的观赏性，首付分期的历史使命就完成了大半。有的开发商还会承诺，如果买房者后期支付不了首付余款也没关系，他们愿意叠加利息将首付款退给买房者。在这种情况下，如果买房者选择首付分期却无力支付余款，只不过陪着开发商走了一趟流程，开发商却可以赶在年底之前快速回笼资金。遇到这种开发商，买房者一般不会太吃亏，还能享受到一些福利。但有些开发商使用首付分期策略的初衷就是让更多买房者上钩。买房者一旦上钩，即便后期无力补交尾款，想要解除合同也没那么容易。所以，量力而行是上策。

第三类优惠手法是我们经常在朋友圈看到的免中介费。现在，中介买卖新房已经不是一件新鲜事，这在专业领域叫作一二手房联动，如果客户看不上二手房源的条件，就给客户推荐新房房源。一旦新房交易达成，二手房中介也可以拿到开发商提供的高额佣金。

一二手房联动的销售效率比较高。在大城市买二手房，动辄要多交几万、十几万甚至几十万元的中介费，买房者如果通过中介买新房，就无须向中介公司支付这一部分款项，但去售楼处看房、买房本来也不需要交中介费。

这背后还有一个专业的知识点——新房和二手房的销售计价标准截然不同。据我所知，一些排名靠前的开发商每通过中介卖出去一套新房，往往需要支付高达总房款5%的佣金。所以，相比传统的代理，中介的效率更高，赚的钱也不少。

第四类优惠手法是团购。在我看来，团购是楼市集中开盘的一个变种。以前房地产市场冷淡的时候，因为客户量达不到要求，开发商很难选择集中式开盘。现在，一些开发商邀请行业嘉宾定期直播讨论房产话题，答疑，提供区域价值解读，或者把一批有意向的人拉到售楼处，然后给这种方式起名叫团购。在一些城市，楼市开盘悄无声息进行，可能当你拿着钱准备买房时，却发现房子已经没了。团购只是提供了一个买房途径，但至于具体优惠的力度有多大，并不好说。

最后一类优惠手法是众筹。开发商鼓吹的众筹更多的是一种吸引客户、推广项目的手段。早期的买房者先交一点费用，以众筹方式获得优惠和买房的资格，开发商会借此鼓励客户下决心买房。但是，我们需要注意的是，众筹的钱如果是投资性质，那么没有保本收益。即使不是投资，买房者到时候能不能拿回原来的钱，也要看发起众筹的组织者和这个平台的信用和实力。

以上就是这几年新兴的销售优惠手段。希望你在买房的时候，能够瞪大眼睛、竖起耳朵，认真了解市场行情，明确判断，远离决策失误。

房价的影响因子

从交通的角度来看，地铁、高铁、机场的建设对楼市应该是利好消息，但也要具体问题具体分析。实际上，地铁、高铁和机场的建设，不一定能够带动附近区域的房价上涨。跟着交通条件的变化置业也有它的门道和诀窍。

地铁是影响房价的一个重要因素。截至 2017 年年底，中国内地已有 34 个城市开通城市轨道交通，投入运营的线路有 165 条，运营总里程达 5 033 公里。仅北京市就有 22 条地铁线路，总里程数达 608 公里，北京地铁的单日最高客流量达到了 1 000 多万人次。截至 2018 年下半年，全国有 40 多个城市的轨道交通建设规划获得批复。预计“十三五”末，全国城市轨道交通的运营里程将超过 6 000 公里。

一项调查显示，在地铁通车后，北京、上海、广州地铁周边物业的价值均大幅度提高，离地铁站 500 米的近郊区物业升值 20%～25%，远郊区物业提升 10%~15%。地铁的开通对非核心地区住宅楼盘价格的提振作用明显大于核心地区的住宅楼盘。考虑到地铁开通对于远郊区的提升作用，一批楼盘就等某条地铁线路通车才开盘。人们交房入住之后的交通便捷度也依赖地铁真正通车。这个原理可以变相指导你的买房行为——如果你买房的目的是投资，那么投资未开通地铁周边远郊区的房产所付出的成本更低，升值空间却更大。

地铁房一般指位于地铁站上盖或步行 5~10 分钟可到达的房子，步行 15 分钟能到达地铁站的房子是准地铁房。如果是离地铁站超过 2 公里的房子，地铁的利好影响减弱，房价会下降。一旦房子距离地铁站超出了 3 公里，将无法在买卖时贴上地铁房标签。

在北上广深等大城市，买车成本高，摇号难，房价高，核心区域租金高，职住发展不平衡，上班族普遍居住在与公司距离较远的地方，所以地铁对房价的提升作用显著提高。除了地铁，穿梭巴士和公交车的便利度也会影响房价。一个“堵”字和一个“远”字，严重地影响着买卖房屋时双方的议价空间——少则几万元，多则几十万元。在一些城市，私家车出行和地铁出行是可以相互替代的。如果人们开车上班和坐地铁一样便利，那么地铁对房价的影响就会打折扣。

和地铁建设速度保持一致甚至更快一步的是中国高铁。中国高铁建设也是这些年来中国人引以为傲的经济发展晴雨表。高铁一般指时速不低于 250 公里 / 小时的动车组列车，和设计速度达到 200 公里 / 小时及以上的新老铁路线路。截至 2016 年年底，中国高铁运营里程超过 2.2 万公里，占了全球高铁运营里程的 65%。

这几年来高铁在中国遍地开花。如果说地铁是城市内的快速交通枢纽，那么高铁和城铁是城市之间的快速交通枢纽。2018年高铁开始提速，不少线路以300公里/小时作为平均时速，由此衍生出一个300公里以内的一小时生活圈。也就是说，只要两个城市或两个地区距离在300公里左右，基本上高铁一小时就可以到。交通弥补了距离和位置的短板，催生出新的住房需求。

目前，中国高铁和城铁发展最为成熟的城市群有长三角地区和珠三角地区以及北京和天津，山东济南、青岛等之间距离较近的片区。这些地区内都可以做到一小时内到达，北京、天津两大直辖市之间甚至还在修建第二城际高铁。我建议大家在买房投资之前先查一查中国的高铁规划图，研究之后再做决定。

数据显示，一个城市的高铁通达车次越多，对人口导入、物流、交通，以及对周边城市的辐射能力就越大。高铁对城市经济发展的带动能力毋庸置疑，在交通和时间的综合作用下，一些房价洼地就这样形成了。牺牲一些时间成本、距离成本，买房者可以以更低的价格入市，享受远期上涨的幅度和可能性——高铁正在改变中国城市群的楼市格局。

不过还要记住，高铁建设虽是利好，但也带来很多不利因素，包括噪声、辐射等。和地铁不一样，离高铁站绝非越近越好，因为高铁带来的房价提升是以城市为维度的，而不是以小区为维度。一条高铁线开通，整个城市都能享受涨价的结果，但离高铁站最近的那个小区，反而因为不利因素影响成交量。要选高铁房，不要选临高铁房，这需要买房者微妙地拿捏尺度。

最后说一下机场。据媒体统计，除吉林、上海、西藏三地未公布具体数字，全国其他省（自治区、直辖市）到2020年的通用机场建设目标将达到934个，远远超过国务院规划的500个。中国高铁在“霸屏”的同时，机场建设也形成了扩张趋势。机场对于房地产的作用和地铁、高铁不一样。机场修建更多地服务于远距离商务、旅游、出行人群，因此机场会吸引产业投资者和开发商的资金涌入，这是一个明显的利好。机场一般和物流、电子、医药、科技等第三产业高度关联，它所带来的新产业和新资本是交通便利之外，彻底激活地方楼市的要素。

在我国的中西部地区，机场的修建可以弥补气候、地形等因素造成的发展短板。有些特殊区域不具备修建高铁、城铁的条件，更不用提地铁。一旦机场落成，这些区域将跨越距离的限制，与通航地区形成点对点的交通直达格局，直接激活所在城市的经济，也将变相地带动当地房地产行业的发展。

在中国，客流量最大的机场是首都机场。首都机场的旅客吞吐量已经连续多年位列世界第二，仅次于美国亚特兰大机场。现在北京又在建设首都第二机场（位于北京大兴区与河北廊坊广阳区交界处），这件事再加上京津冀一体化成了环京楼市房价上涨的绝对理由。中国的机场普及速度暂时还比不上高铁，中西部的机场甚至很难赢利，但是在全国范围内修建机场的必要性仍然很明显，因为机场能带来的可能性是无限的。

机场建设也有不利因素，比如机场附近的建筑都要限高，此外居住在航线附近的居民会在飞机起飞、降落时遭受噪声困扰。

机场给房价带来的影响大多是宏观的、长远的正向刺激，但在微观层面，机场往往还不利于附近小区房价的提升。

毋庸置疑，无论是地铁、高铁、城铁，还是机场，随之而来的交通环境的改善首先影响的是人的生活和工作便利度。房地产归根结底做的是围绕人的生意，当人更容易聚集和移动时，人口流入就会源源不断，最终将助推房价上涨。

当开盘摇号成为楼市主旋律

摇号丑闻与闹剧齐飞的时刻，正是房地产政策制定者和房地产从业者的反思时刻。

之前，西安市某新房项目在摇号前流出一张 Excel（电子表格软件）表格。表格显示，54 名业主中有 40 多位是西安市长安区房管、质检、土地等部门的公职人员，他们分别内定了这个楼盘的房源，还有明确的房号，一时间舆论哗然。开发商对此紧急辟谣，但是白纸黑字，群众当然不信。

几乎在同一时间，杭州楼市也不太平。4 个价格都比较合适的新房项目准备以摇号的方式公开发售，引发数万人奔走求购。在一个紧缩的市场下，万人排队，实在不是一个正常的现象。随后，开发商公布摇号补充规定：欲参加摇号买房者，必须先冻结存款。其中一个项目明确表示，参加摇号的人要提供一张 200 万元存款证明。网友一听，彻底崩溃了，但是一边崩溃，一边凑钱。相比于杭州楼市的平均价格，即将开盘的这个项目价格太划算，再崩溃，他们也决定抢房。这倒好，房子不一定买得上，每个人跑到银行先存了 200 万元，银行不费吹灰之力，光是诚意金就冻结了好几亿元，成为最大赢家。

一边是丑闻，一边是闹剧，构成了中国新房摇号开盘政策的底色。西安和杭州的摇号事件，互为背景。西安不加限制的摇号购房政策，一定会引发私权的寻租，而杭州过于苛刻的摇号限制条件是否也不够合理？这成为网友热议的话题。

当一个城市的新房开盘热度攀升，并且价格合适，一定会形成众人抢房的局面。之前，国内有个城市被曝出要花 80 万元喝茶费才能获得买房资格的消息，这是无序开盘的一个缩影。摇号被公认为遏制关系户加塞插队的解决方案，但摇号真的是房地产市场供求失衡的解决方案吗？我们不能一概而论。

只安排摇号，对摇号不设置配套的限制措施或者补丁措施，一定会引发西安楼市那样的问题。新房摇号队伍动辄多达上万人，缘于不少强二线城市新房二手房价格的倒挂。在杭州、西安这样的热门城市，当新房开盘价格在周边二手房价格的基础上还要打七折的时候，人们自然蜂拥而至，挤满售楼处。楼市调控之下，大量真实需求、炒房需求，甚至虚假需求，都跑到新房市场。如果一个项目只有 200 套房，一万个人来摇号，那么摇上号的并不真的准备买房，真正想买房的摇不上号。如果对买房摇号不设置限制、不打补丁，那么参与摇号的队伍里便会出现大量的伪需求，同样影响公平。类似于必须提供存款证明的流程让人难以接受，但对于筛选无效需求，避免一个人排多个号，确实比较有效。

我们不妨来算一笔账：假设一个买房者准备购买一套总价600万元的新房，提供200万元的资产证明过分吗？如果此人真的要买房，首付本来也是同样的价格，那么提前一段时间筹齐首付、冻结资产倒也可以接受。如果此人不是真的想买房，只是随便排个队，摇一次号玩玩，成本未免太高。如果此人本来准备同一时间段内在多个楼盘排队摇号，这样的限制就会影响他排队的次数，他可能只能选择最心仪的楼盘进行摇号登记。当买房者数量非常多的时候，摇号时必须提供存款证明这种措施将有助于分流购房群体，减少恶性抢房事件的发生。冻结资产才能摇号，确保了本就准备买房的刚需一族尽快完成资金筹备，既保证了开盘效率，又挤压了无效的炒房泡沫。这种策略，可以有效清理排队摇号群体中的无效需求，最终提高摇号的效率。

不设门槛，万人抢房；设立门槛，则数百人摇号。设不设立门槛不仅会影响摇号结果，也会改变舆论的方向。万人抢房这样的新闻一旦被买房者捕捉到，会严重影响需求方的情绪。新闻中出现“二手房一夜跳涨几十万元”“买房者深夜排队买房”等字眼，会在无形中影响买房者的预期，预期又会影响到出手节奏，从而导致房地产市场方向的变化。

摇号时附加一些别的门槛，其实是合理的。但人们面对这些新闻时还是困惑，因为看不懂。如果有关部门或专家可以多给一些解释，民众会愿意理解，误读和负面情绪也会减少。

虽然有意识地设立合理规则有利于解决供需关系中的矛盾，但当越来越多的城市开始执行官方摇号的售房政策，动辄几十万元甚至上百万元的资金被冻结，无房户去哪里筹款呢？尽管摇号让开发商很难把房子优先给全款购房的客户，但是这样就一定公平吗？

现在的摇号政策并非一劳永逸的举措，后续一定会有新的规定出来。买房者、开发商和市场一直在角力，变数很多。随着新规定落地，也许会有新的爆点、新的闹剧、新的不可预测的丑闻。这要求我们更要紧紧地盯住新兴政策，一起努力让它朝着一个相对合理和科学的方向发展。

既然摇号已经是现阶段必须实施的策略，那就不要让摇号政策陷入一个恶性循环，而要让它成为一个有效的、真正利民的政策。虽然越来越多的新房项目必须经过开盘摇号才能购买，买房者似乎只有接受的分，但这绝不是房地产行业从业者“胡作非为”的理由。

07

时机与准备

买房准备：多角度评估、择机买入

在小说《天龙八部》中，王语嫣和段誉直到故事结尾才喜结连理，成为一对神仙眷侣。段誉的所有痴心付出也终于兑现了。然而若没有前面对爱人毫无条件的保护和关爱，以及痴情相待，再加上慕容复对王语嫣毫不留情，段誉毫无可能等来这样圆满的大结局。其实，买房也是一样，时机与前期的准备很重要。

太多人因为看见别人坐享房价上涨红利，就红了眼，觉得买房是“有钱能使鬼推磨”；看到别人住进服务到位、品质高雅的高档小区，就觉得买房似乎不是一个技术活。其实每个选择的背后都离不开大量的准备工作，包括心理准备、财务准备，甚至家庭关系的改变。

首先是心理准备。房价是涨是跌，谁都无法预料。对于那些不能再等有刚需的买房者来说，房子是必须买的。但是特殊时期买房最重要的原则就是量力而行。买房量力而行的好处就是，不管房价未来是涨是跌，对买房者而言没有损失，反而会因此而受益；另外，量力而行买房不会因为还款负担而过多地影响自身生活质量。

买房者需要理性看待楼市调整期，在这个时期进场，既有可能抄了底，也有可能买了单。慎重选择是必要的。买房者必须得看清并正确认识自身购房需求，是现在非买不可还是可以再等等。如果是前者，那么买房完全没有必要等；对于后者而言，只要等得起，就继续观望吧。

不要过度悲观地感叹楼市行情，而要合理地入市；不要对已经居高不下的房价绝望或者痴心妄想，而是选择可以承受的价格出手。

其次是财务准备。买房子不是小事，涉及一个家庭的所有成员，也许意味着未来二三十年的房奴生活。选择买房之后的生活大概是这样的：大量的原始积累资金一下子投到首付里，可动用的存款变少；每个月都要还房贷，家里还有老人孩子要养，不能随便冒风险跳槽。买房在某种意义上打击了年轻人自由发展和冒险的决心。

如今的年轻人喜欢创业，但创业不仅意味着激情，也意味着风险。如果一个人在创业的同时买房，不单心累、身累还有可能出现月供中断的情况。当然任何事都有两面性——因为背了房贷，所以有些人会更努力工作，从而提升事业发展。

买房从来不只是首付问题，它是一个长期过程。最近商业贷款年限从 30 年缩短到 25 年，月供一下子可能上涨好几千元。对于创业初期或年轻的买房者来说，这几千元的负担可能就导致生活拮据。能否承受这样的代价，不仅是偿债能力问题，还是心理问题。

在准备买房的时候，买房者要看到阶段性压力，也要准确衡量自己的还款能力。有些人在首付阶段已经是东拼西凑，加上偿还的月供，几乎无法维持正常的生活。之所以会这样，就是因为没做好前期的准备工作。

买房是一件耗费时间、体力、精力，同时考验耐心与分辨能力的差事。想买到对的房子，选房很重要。选房需考虑诸多因素，比如地理位置，上班距离远近；购物、娱乐、医疗、教育等资源距离远近；周边有无污染源，是否在火车道旁或有类似此类的不利环境影响；住宅四周楼房的高度、距离，公摊面积、物业费、车位配比等。

房子毕竟是大宗商品，大家在买房时不要拍拍脑袋、草率决策，而要脚踏实地，认真评估后再决策。

房价、调控与时机

2018 年下半年，作为中国国民经济发展的支柱产业之一，房地产带给各方的感受是一致的——买房者难受，卖房者难受，开发商难受，房产中介难受，广告公司也难受。

房地产就像一张网，谁都没办法从这张网里逃出。搞不清、看不懂，又逃不开，这是中国人焦虑的原因。

2018 年过去之后，大家把目光对准了 2019 年。当房价上涨的时候，大家都会问，明年房价会不会降？当房价下跌的时候，大家又会好奇，明年是不是应该回暖了呢？

长效机制、“房住不炒”等思路深刻影响中国房地产市场的形势。种种迹象表明，2019 年全国楼市政策不会一下子放开，接下来的基调基本上是由紧变稳，那么会稳到什么程度呢？

我们先看看这两年的楼市政策，就会明白为什么后面的调控会以“稳”字当头了。目前，各地执行的调控政策主要包括限贷、限购、限价、限售等。土地拍卖又首推熔断机制，也就是限房价、竞地价、竞价封顶，熔断后开发商转而竞自持面积。

看起来各地政策有所区别，但实际效果类似一刀切。一二线城市的房地产市场整体量价齐跌，三四线城市受到一二线楼市调控政策溢出效应的影响，以及棚改、货币化政策的影响量价齐升，这是目前的市场现状。

最理想的状态是：维持基本面不变，稳步调整，该降的房价继续降，该去的库存继续去。特别要注意的是，楼市成交火爆的三四线城市已经积蓄了一部分风险，要警惕出现库存过剩的情况。为了避免调控成果被浪费，未来楼市政策的目标是使市场保持稳定的状态，防止市场反弹，陷入死循环。

十九大报告中明确提到，房子是用来住的，不是用来炒的。这样一个转向确定了未来新推的住宅大多数是用来出租的。一方面，政府势必会在以后的土地供应量中，适当向租赁业务方向倾斜；另一方面，政府将出台越来越多的共有产权房、长租公寓以及普通租赁房等相关的政策，如产权政策、过户政策、金融政策甚至租售同权以解决小孩上学问题等。有了政策托底，租赁房屋的供应才能稳定。

市场的预期正在改变。这种改变发生在两个层面，一个是从买房向租房发展，另一个是从短期预期向长期预期发展。只有形成稳定的长期预期，才能保证房地产市场发展平稳，不会大起大落。

楼市调控不仅挤压了泡沫，重新分配了利益，也在无形中给大家制造了一些机会。比如，受益于旧城改造、棚户区改造，以前换不起房子的人现在有足够的资本换房。但调控也带来挑战，比如，虽然大城市房价可能下跌，但购房信贷成本会上升，购房利率优惠也会变少。

我认为，2017 年、2018 年的调控，将影响未来 10 年中国住宅市场的增长，建立并奠定未来 5~8 年楼市的基本格局。同时，中国城镇化率已经突破 50%，人口增长和净流入数量在很多城市趋于下降，甚至由正变负。交通在发展，城市规划在发生改变，经济增长率会因为这些因素的变化受到影响。产业结构将随之调整并缓慢作用于一个城市，继而影响它的楼市发展。

年末年初，要不要买房

有句话叫，年底不买房，一年又白忙。春节前后，大家一年到头的忙碌终于转化成手中实实在在的大把钞票时，很多人肯定会考虑一下买房子的事情。

这两年全国楼市进入系统性调控时期，但是调控的结果比较分化。比如，一二线城市推出严格的限制政策——限售、限购，新房、二手房的房价都出现不同程度的下降。三四线城市的楼市反而有一些涨价的红利，但是随后也会进入去库存状态。

年末年初的时间段到底是不是买房的合适时机呢?

在外来人口多的城市，春节返乡潮使购房客群集中外流。另外，正值春节，很多机关单位放假，停办交易过户的手续，所以春节前后楼市成交量反而会变少。

中国人喜欢安稳，不喜欢在过年期间折腾，这一心理反倒有可能在年前和节前催生看房买房高潮。每一年的春节前一个月，看房量、成交量都不低就是一个很好的证明。这时候是入手的不错时机。如果卖方和买方在年前正式签订房屋买卖合同，流程走得顺利的话，那么卖方在春节前就能拿到尾款。

在我国北方的一些城市中，一二月份正是一年中最冷的时候，很不利于开展营销活动。在寒冷的天气去一趟售楼处需要勇气（看房人意愿不强），所以开发商也就不在这期间酝酿集中开盘的计划了。历史经验说明，春节所在的月份和之后一个月是北方一些城市新房市场供需最低的月份，买房者往往想买也买不到房。

年关之际买房，成交周期相应会延长一些。如果买卖的是二手房，延期更明显。原因是，买卖过户二手房要办理的手续比新房更复杂，走流程大多按工作日而非自然日计算，如果办理前后横跨了一个春节假期，也许就要多花半个月的时间。准备在这段时间买卖房产的人，务必要对可能出现的交房延期、过户延期等情况做到心中有数。如果在这期间换房，买房资金到位的速度难免受到影响，一定要预留时间早做准备，避免因为各相关机构放假无法办理手续导致违约，从而遭受损失。

选择在年后买房的人将在贷款方面占有一点儿优势。在一般情况下，银行的放款额度在春节后都比较宽裕，不仅批准贷款的难度没这么大，而且放款的速度会更快一些，比在下半年或春节前买房申请贷款时能享受到更多优惠和便利。

从供应角度来看，无论南方还是北方，冬天和年底的房产供应量都不会太多。春节假期结束之后，从天气逐渐暖起来的 4 月、5 月开始，各地土地成交会逐渐放量，新房市场也会形成新一轮入市高潮。开盘的项目增加，可供选择的房源也变多。关于到底要不要赶在年末年初买房，打算买房的人可以结合自身需求好好规划。简言之，房地产市场的回暖，大概率会随着气温的上升一起到来。

还有另一条适用于每一年房地产市场的判断依据——从“两会”定调中判断来年房地产市场的涨跌趋势。中国楼市在春节之后的大部分时候处于博弈和观望状态，房价不会有特别明显的起伏，开发商、中介、买卖双方都在等待“两会”和“两会”以后相关政策释放的信号。

房价上涨还是下跌，从当年的“两会”释放的信号中可见一斑。以 2018 年“两会”为例，北京着重强调了长租房、共有产权房等概念，由此基本可以判断北京新一年的市场供应将以政策型住房为主，房价不会有太多上涨的可能性。

综合来看，年末年初，买房和卖房的理由都是存在的，但等一等、看一看再做判断会是一个更稳妥的做法。

2018 年的春节迎来了历史上最不一样的楼市形势。一方面，一线城市的楼市成交全面衰退，开盘量非常小；另一方面，返乡置业大潮推动二三四线城市的房地产市场同比出现反弹，反弹带来的价格上涨又反过来影响了当地的房地产成交量。有几个城市甚至成为热门返乡置业城市，比如成都、重庆、西安。

如何正确看待春节楼市两极分化？

和 2017 年春节相比，一线城市的政策环境较同期明显更严，因此 2018 年春节期间整体的楼市成交表现弱于 2017 年春节期间。春节期间大城市人口流失严重，开盘的必要性降低，入市量减少；返乡置业大潮吸引走了一部分资金，导致一线城市楼市行情下行。但是这些阶段性特征并不代表一线城市的楼市崩盘。

到底存不存在黄金出手机会

这些年，中国人要么欠任志强一句谢谢，要么欠任志强一句对不起。

中国有名的地产商任志强无论何时发表对房地产的言论都会引发大家的关注。有时候，他对于房价的发言听上去很惊悚，但后来都被证实。有人拿北京二手房买卖的历年均价和任志强的理论做对比，得出了一个惊人的结论：他似乎总能在每一个节点预测正确。

有些人抱着视死如归的心态赌一把，走进楼市，花光积蓄，结果刚买完房子就赶上房地产市场进入调控阶段，房价开始下跌。他们哭着闹着要砸售楼处，嚷着要退房。警察不得不出面把他们劝回去，其中一些人因为房子没退成，抑郁了。三年过去之后，他们发现当初没退成功的房子价格翻了好几倍，抑郁症不治而愈。

有些人怕房价越涨越高，错过机会就真买不起了，于是借钱入市。他们和别人抱怨房子买贵了，房价在“山顶”了，结果一觉醒来发现变“山腰”了。

究竟有没有所谓的正确的买房时机？

如果你问我什么时候买房最合适，我会告诉你，逢低买进，逢高卖出最合适。这个问题跟问什么时候嫁人最合适如出一辙。我告诉你，遇上对的人了就嫁，找到对你好的人就嫁。你对这个答案满意吗？都是瞎扯，因为这种回答等于没有回答。世界上很多问题都是这样，好像是一个有价值的正确答案，其实是没有任何意义的。

中国人为什么一遇到房子的问题就陷入纠结了？房价低的时候，买房者又老想让它再跌一点，迟迟不下手；等房价一涨，买不起了，又抱怨房价太高，想买买不到。

买不买房是一个不是问题的问题。买不买房，应该只和当时的房价水平和你的购房能力有关。你永远不知道房价会涨到多高，也不知道崩盘的那一天究竟是哪一天。所以什么时候买房真的不是一个技术问题，而是一个选择问题。

第一次买房、换房需谨慎

对于第一次买房或换房的人来说，由于第一次接触到这样的流程，经验不足，决策和购买的时候需要避开诸多陷阱。其实，置业新手和置业高手买房的区别，往往就在于对细节的把握。在买房、换房过程中，新手和高手的认知差别也许就在毫厘之间。

第一点，谁说购买不满五年的房子的税额一定高到让人望而却步？在实际操作的过程中，房本满 5 年且是唯一房产的房子最抢手，大家买二手房，势必优先找“满五唯一”（房本满 5 年且是唯一房产）的房子。但有时候房子还差几个月年限才满 5 年，很多房主也会提前把房源挂出来。一些好说话的卖家会愿意配合买家等几个月到房子满 5 年的时候再过户。大家在优先找“满五唯一”的房子的同时，也要多留意询问中介，有没有这种马上就满 5 年且唯一的房子。考虑房本满两年的房子时同理。

第二点，想办法让业主帮你分摊二手房税费。

在缴纳税费方面，“满五不唯一”（房本满 5 年但不是唯一房产）、满两年和不满两年的房子，相对“满五唯一”的房子的优势会小一点，因为要交的税更多。在中国的房地产交易中，税费大多数被转嫁到买方那里。但遇到交税比较多的房子，买房者可以和业主谈判，让业主承担一部分税费。当房子成本太高，能承担得起的买家不多时，买家有筹码与业主谈判。最终业主也许会愿意主动承担一部分税费，或在不承担税费的同时愿意将房价调低，从而平衡买家交税的成本。

第三点，二手房的首付经过精确计算后才能得出。

和买新房截然不同，买二手房的时候认为看首套、二套资格就能决定首付是一个非常大的误解。如果买房者不进入实际操作阶段——与中介洽谈阶段，只用计算器计算首付，很有可能计算错误，从而给投资带来影响。买二手房需要支付的首付涉及税费和其他支出，买房者实际要准备的费用通常会比规定的最低首付要多。二手房的首付由净首付、税费和其他费用组成。净首付是总房款减去银行贷款金额，默认按最多可贷款金额计算，无法简单地按照首套还是二套成数计算。税费一般包括个税、契税、增值税及附加等。其他费用一般包括居间服务费、保障服务费等。

第四点，活用公积金。

公积金不仅贷款利率远低于商业贷款，而且放款速度快，在某些时候，使用公积金贷款的买家，买满两年的房子比“满五唯一”的房子更有优势。“满五唯一”的房子经常遭到抢购，价格自然居高不下。如果买房者选择公积金贷款，而不是商业贷款，购买某些“满二”（房本满两年）的房子不需要交个税，那么竞争买这套房子的人就会再少一些。

第五点，用对装修策略，二手房卖房报价轻松上涨。

由于原来的房主已经居住了一段时间，二手房的内饰、装修、维护程度是区别同样户型和朝向的房子的唯一条件。有些业主为了卖更高的价格，先找个粉刷工，把墙面用油漆全部刷一遍，再找个保洁阿姨打扫一遍全屋的卫生，再去宜家买些挂画和摆设类的物件，总共可能也就花了几千元，但是可以帮业主多卖出几万元。

如果你打算卖房的时候，也可以用上述办法变相增强房子的溢价能力。如果再多做一点投入，比如根据市场需求把开间隔成一居室，给不足 10 平方米的书房换一套家具、配上单人床或 1.5 米的小床，则直接提升了房子的定位——原本的开间现在变成正规一居室，原本配书房的一居室现在变成两居室，有孩子的客户也成了你的目标买家。这样的做法无疑有助于提升竞争力和提高房价，投入 5 万元，也许能在房价上找回 10 万元。

最后一点，看房不仅要看样板间，也要看毛坯房。买房就像相亲，样板间都是“美图秀秀”后的效果。仔细回忆一下，你有没有发现样板间的卧室里一般都没有衣柜？那是因为放了衣柜之后，房子的空间就会显得局促，降低买房者的好感，但实际生活中卧室里放衣柜是标准配置。此外，放在样板间的床往往较小，这些都是吸引买房者上钩的诱因。

样板间的很多配置往往与买房者在交房时看到的不一样，但大部分新手都忽略了样板间上贴的“此处并非交房标准”的标志。只有看毛坯房才能了解真正交房时的样子，大家千万不要被样板间迷惑。买房高手会直接看毛坯房，而且分不同时段去看，这样才能真正了解房子到底好不好。有些大品牌开发商的置业顾问会直接带顾客看样板间和毛坯房，因为他们对自己的房子充满自信。

综上所述，第一次买房、换房时，务必谨慎。

08

借钱与算账

等额本金、等额本息、公积金贷款利弊分析

在中国，财富的增长与货币的泡沫化已是共生现象。我们要依靠延长资金到位的时间，抵御货币贬值的空间。对贷款买房者而言，能否在几十年时间里以尽可能划算的方式还清这些利息最为关键。买房者使用商业住房抵押贷款买房的时候，银行通常会提供等额本金和等额本息两种选择。虽是一字之差，本质却相差甚远。

等额本金，顾名思义，就是每月还款总额中的本金部分始终保持不变，利息另算。例如，小张以商业贷款的方式向银行借了120万元，分10年也就是120个月还清。按等额本金法，小张每月要固定还10 000元本金，另加利息。

等额本息，就是每个月还款的“本金＋利息”之和始终保持不变。仍以小张为例，银行会把这120万元的贷款本金按照120个月均分，再加上上期剩余本金的利息，形成小张在等额本息模式下的月还款额。

两种还款方式的逻辑不同，导致截然不同的还贷压力和结果。在贷款期限、金额和利率相同的情况下，在还款初期，小张

按等额本金每月的还贷金额要大于等额本息的还贷金额。

用等额本金法，以 2019 年央行贷款基准利率 4.9% 计算，小张在 10 年内每个月固定要还 10 000 元的本金，而每个月利息随着本金每还清一个 10 000 元都会下降一些，导致第一个月还得最多，要还 14 900 元，之后每月递减 40.83 元，到最后一个月只需要还 10 040.83 元，即 10 000 元加上利息 40.83 元。

用等额本息法，小张在 10 年 (120 个月) 里的每个月都还同一数目的金额，即 12 669.29 元。可以看出来，前期等额本息比等额本金的月供负担要低 1000~2000 元。但到第 56 期的时候，也就是还款 4 年半以后，等额本息的还款额就比等额本金的还款额要多了。那时候，按照等额本金法每个月还款额已经低于 12 669.29 元，而后面还有 5 年多的贷款要还。

在不涉及提前还贷的情况下，按照整个还款期计算，小张使用等额本金法会比使用等额本息法的总利息支出更少。等额本金总支付利息不足 30 万元，而等额本息总支付利息超过 32 万元。

在现实操作中，尤其在房价比较高的城市，商业贷款的贷款额为 120 万元，只贷 10 年的情况不太普遍，更多人的贷款额度更高，贷款年限更长（25~30 年），从而造成等额本金和等额本息计算方法下的月供差额可能远不止一两千元，甚至达到一万元。

等额本金、等额本息两种方式分别适合不同的买房者。等额本金更适合有一定经济基础、能承担前期较大还款压力的买房者。等额本息的每月还贷额度差不多，便于安排日常生活开销，适合经济条件不允许前期还款投入过大、收入处于稳定状态的买房者。

很多网友反映，银行故意不告诉客户等额本金的还款方式，是因为等额本息的总利息更高，银行能赚更多钱，所以等额本息比等额本金吃亏。这一论调实在有失偏颇。实际上，很多人无法承担等额本金前期的高还款额，选等额本息是无奈之举。

银行放款年限的长短决定了资金的使用价值。等额本息由于占用银行本金的时间长，前期偿还贷款的金额低，自然要多付些利息。在等额本金模式下，借款人占用银行本金的时间短，在利率较高的前期还得也多，利息自然少。

但是，等额本息贷款采用的是复合利率。在每期还款的结算时刻，剩余本金所产生的利息要和余额一起被计算利息，也就是说未付的利息也要计息。在国外，它是公认的符合放贷人利益的贷款方式。

买房者要明确自身的需求和还款能力，找到更匹配需求和现有情况的方式。年轻人买第一套房显然更适合等额本息的还款方式。此外，公务员、教师等收入和工作待遇相对稳定的群体也可以选择等额本息。收入达到较高水平的人和在贷款前期还款能力强的借款人，更有能力承担等额本金的还款压力，也更适合等额本金的还款方式。一些年纪稍大一点的买房者也适合这种方式，因为随着年龄增长或面临退休，他们的收入可能会减少。但有能力承担等额本金还款压力的人同样可以选择等额本息的方式。具体的还款方式原则上以更适合自己为准。

举个例子，如果四五十岁的老张收入较高，且有较多理财、投资渠道，贷款120万元，只贷10年。他承担得了等额本金的还款压力，但10年的利息只比等额本息少2万元而已，还不如10年都选等额本息。若一段时间内，货币出现贬值，那么，把钱投资到别的地方，可获取更高的综合收益。

既然两种贷款方式没有优劣之分，是不是等额本金和等额本息都适合提前还款呢？并不是。一般来说，有提前还款计划的买房者，选择等额本金更合适。采用等额本金还款方式在前期还的本金多、利息支出少，而采用等额本息还款方式，在前期每个月的还款额度中，本金额度少、利息额度较多，提前还款会比较吃亏。如果你手头宽裕，打算提前还完，就选择等额本金，如果打算长久地还贷，就选择等额本息的还款方式。

在讨论完商业贷款中常见的等额本金和等额本息还款方法后，我们再来谈谈公积金贷款、还款事宜。

公积金贷款买房，不只买房利率比商业住房抵押贷款低，还款方式也有着独特优势。目前我国住房公积金贷款的还款方式是"自由还款"——公积金贷款每月还款额不是一成不变的，而是可以自由上调或下调的。公积金还贷目前不再办理等额本息和等额本金还款，因为自由还款已经将这两种方式融为一体。

在申请住房公积金贷款时，住房公积金管理中心根据申请者的贷款金额和期限制定一个最低还款额。借款人在每月还款数额不少于最低还款额的前提下，可根据自身的经济状况，自由安排每月偿还多少贷款。

公积金贷款自由还款有很多优点：

第一点，只要不低于最低还款额，借款人可以自由设定每月的还款金额——高于最低还款额或与之持平。

第二点，除了通过柜台书面委托办理调整还款额业务，借款人还可以打电话给公积金管理中心，根据提示输入还贷账号，轻松调整还款额。另外，借款人每个月都可以调整还款额，且还款期间有两次调整的机会。

第三点，除最后一期还款外，公积金管理中心每月先按照与借款人事先确定的金额扣款，如果还款账户余额不足造成扣款失败，则按照最低还款额进行二次扣款，有利于降低贷款逾期的可能性。

需要注意一点，因为是自由还款，每个月借款人只还最低还款额即可，且还款额较少，但是贷款到期后需要把本金加利息一次性还给银行。借款人在最后一个月要还很大一笔钱（几十万元到几百万元不等）。虽然还款方式很便利，但总利息算下来并不低。自由还款方式的作用是增加还贷的灵活性，而不是说每个月借款人只需偿还最低还款额。如果后期工资上浮，借款人要灵活调整还款额，一旦等到还款期限最后一个月却还不上巨额的月供时，仍然要承担违约责任。

在等额本金、等额本息、公积金贷款三个选择面前，大家要学会选择最适合自己的贷款方式。正确选择还贷方式的好处有时候不亚于买房时总房款便宜了几十万元。

如何成为一个精明房奴

每次房地产调控往往都会伴随限贷政策的出台。由于房价过高，买房者不得不依靠贷款杠杆买房。但是，信贷紧缩政策可以快速影响一个地区的新房、二手房交易量。

人们在分析房地产市场的时候通常只看房价、交易量两个指标。实际上，房价涨跌或房屋交易量高低更多是作为一个结果出现的。贷款环境、贷款难易程度、利率高低等都会直接作用于并深刻影响房地产交易热度，从而影响房价。

北京、上海的一些银行曾传出停止发放贷款的消息，这释放了一个信号。从全国来看，贷款额度也呈现收紧的趋势，主要有以下几个表现：贷款审核越来越严格、放款速度越来越慢、贷款利率上升，部分城市的银行贷款年限从30年缩短到25年。

如果停贷了，那便意味着要全款买房，这对于很多买房者而言是根本不可能的事情。难道成交量会继续下滑进而影响房价吗？这种形势会不会蔓延到别的城市？如果你希望成为一个精明的房奴，在申请贷款、还贷上更自如，那么你首先要了解有关房屋贷款的专业知识。

据媒体报道，2018 年年初中信银行叫停发放北京地区的住房抵押贷款，时限半年。随后银行方证实确已暂停北京地区 200 万元以上的个人住房抵押贷款。细细解读一下，其实此次抵押贷款收紧力度并不算大，中信银行只是个案，并不是所有的商业银行房贷业务都采取了紧缩政策。

如果你希望通过分析房贷发放情况来推测接下来的房价走向，更应该关注大型国有商业银行的做法。中国银行、中国农业银行、中国工商银行、中国建设银行等银行核定的房屋商业贷款发放额度，包括抵押贷款的发放额度，能够真正体现房贷发放的基本面。

也有人说，银行贷款被调控后，即便是首次购房贷款，贷款利率也要在基准利率的基础上上浮 5~10 个点，造成贷款买房成本增加得非常明显。实际上，我认为判断房贷利率适不适合贷款，不能单纯看房贷利率涨了多少。

截至 2018 年下半年，我国贷款基准利率已达到历史最低点——贷款 1~3 年和 3~5 年的利率都是 4.75%，5 年期以上贷款基准利率只有 4.9%。前几年我国的基准利率最高达 6.65%，最低的时候也是超过 5%。即便现在贷款利率要上浮，但是上浮后的利率水平可能比前几年的基准利率还要低，所以现在也许更适合贷款。

另外，想搞清楚如何应对贷款紧缩，人们先要弄明白为什么银行一会儿疯狂放贷，一会儿又叫停房屋贷款或降低放贷速度。

银行的放贷行为由三个因素决定。第一，每年银行的房贷额度有预算。就像大家每个月生活费也有预算一样，预算的多少将影响银行放贷的节奏。

第二，银行收紧信贷往往跟着大形势走。2018 年楼市调控趋紧，房屋贷款的发放也要符合楼市整体的政策导向。由于 2016 年对房地产类贷款投放力度过大，信贷结构优化也成为各家银行面临的首要任务。自此各家银行通过调整信贷结构配比来完成资金的合理布局。所以银行采取了从严的流动性管控措施，收紧了放款速度。

第三，银行房贷业务的赢利空间不大。就在几年前，人们在北京买房申请贷款时还享受过贷款利率七五折的优惠——基准利率 4.9%，打七五折为 3.675%。在货币贬值速度这么快的情况下，银行收窄了赢利空间。

再来分析最近的贷款环境。银行放款速度很慢，借款人至少要等一个半月，甚至等三个月。有句老话很应景——“贷款放年头，存款冲年尾”。由于每年年底银行压着一批买房者的贷款不放，到来年年初会先消化这部分，导致后面买房者的贷款又开始逐批次往后压了。如果你打算买房，建议避开高峰时段，尤其是打算买二手房时。在当前贷款环境下，一旦贷款批不下来，你买房面临的不确定性就会增加。毕竟二手房市场一个月一个价，卖方如果不愿意等，买方就很有可能违约。

买新房的放贷速度会比买二手房放贷快，因为新房的贷款业务比较清晰，办理起来流程比较简单。相比之下，二手房牵扯抵押等一系列业务，流程烦琐。商业贷款放贷速度会比公积金贷款和组合贷快。公积金贷款利率低，审核的流程复杂。组合贷，顾名思义，是公积金贷款和商业贷款的组合包，可想而知，批下来的速度更慢。

不少换房的人要卖一买一，这涉及提前还贷的问题。北京全部银行已取消首套房贷款利率优惠，调整为基准利率；另外，执行二套房贷款利率上浮 1.2 倍的政策。卖一买一的换房者如果想在手头宽裕的时候申请提前还贷，必须提前做好规划。

现在房价高，还款压力大，不少家庭在买房时夫妻双方都会申请贷款。那么，夫妇两个谁更适合做贷款主贷人？主贷人设置有技巧，比如收入高、年龄小的一方优先。主贷人与房产证署名人可以自由选择，房产证上的署名人并不一定就是还款的主贷人。但是在多数情况下，主贷人与房产证署名人是一致的。例如，房产证上是男方姓名，那么主贷人最好也是男方，在同一前提下如果用女方作为主贷人，那么男女双方将被各计入一次贷款记录。

主贷人与次贷人不仅局限于夫妻，直系亲属之间也可存在这种关系。如果父母与子女共同申请贷款，那么申请的两个买房者必须同时对抵押的房屋拥有产权，否则将无法共同申请贷款。

提前还房贷究竟合适不合适

提前还贷涉及流动资金的使用。政策变化是影响贷款买房者提前还款的最大变数。

提前还贷有两种方式可供选择。一种是将剩余的贷款一次性全部还清，在这种情况下已经缴纳过的利息是不退还的，剩余利息可以免除。还有一种是部分提前还款，这种还款方式能够缩短贷款年限（月还款额不变）或减少月还款额（贷款年限不变）。

准备卖房时需要提前还贷。只有在贷款全部还清后，房子才可以解除抵押，自由交易。有能力还清贷款的人可以考虑提前还款。买房贷款利率较高，而后期利率有优惠时适合提前还贷，因为提前还贷会按照最新利率执行，而最新利率相比买房时是低的。所以，如果此时有一笔闲钱或大额收入（如年终奖），买房者可以考虑提前还贷——全部还贷或部分还贷。

提前还贷时要注意以下几点：

首先，不是任何时候都能提前还贷，也不是还任意金额都可以提前还贷。一些银行对还款时间和还款金额有要求，有的规定还款满半年或者一年才能申请提前还款；有的规定了还款额度，比如还款金额必须是 1 万元的整数倍；有的还规定了提前还款的次数，比如一年只能提前还一次。不同银行的要求不同，具体情况大家可以咨询银行或查询贷款合同。

其次，若提前还款，部分银行要求借款人缴纳违约金。有的银行按照提前还款时未结余额的一个比例计算违约金，一般是个位数。也有的银行采取罚息措施，比如还贷不足一年，提前还贷者罚息三个月；还贷满一年不满两年，提前还贷者罚息两个月；还贷满两年以上，提前还贷者不罚息。

然而在以下几种情况下，我不建议借款人提前还贷：

第一，国家降息政策出台，意味着你的钱升值了。这个时候与其提前还款，还不如拿钱去投资，获得更多的收益。相反地，房贷利率上调，买房者的月供压力加大，此时适合提前还贷。

第二，按照等额本息方式还了超过一半的贷款时。此时剩下的月供本金占比较大，利息数量极少，提前还款省下的钱并不多。而且买房者已经还完大部分钱，压力都扛过去了，剩下的小部分也没必要一下子全部还完。

第三，按照等额本金的计算方法，还款时间超过 1/3 时，提前还款也不划算。因为当月还款额中的本金大于利息时，提前还款就没有意义了。

第四，不同时期，银行给予买房者的房贷利率折扣会有所不同，如果你在申请贷款时享受低折扣利率（比如七五折或八折），那么一旦提前还贷，要按照最新的贷款利率政策执行，就不能享受当初的低利率优惠。虽然提前还贷可以让借款人一下子结束还贷的漫长战斗，如释重负，但买房者有必要仔细计算一下提前还款的经济账。

在还贷阶段，除了提前还贷之外还存在一些其他的比较划算的还款方式。我给大家全面做一个分析。

第一种是转抵押贷款（一般发生在现有银行不能提供足够多的优惠时）。转抵押贷款的意思是借款人找一家新的银行做贷款，这家银行找一个担保公司，还清原贷款银行的钱。转抵押贷款的过桥费不低，因为贷款抵押在原来的银行，需要该行将原来的房贷结清，但同时原来的抵押尚未解除，对于该行来说存在风险，因此需要买房者缴纳一定额度的抵押金。如果抵押贷款的转出银行事先有提前还款违约金的条款，借款人还需支付一定比例的违约金。转抵押贷款还可能要加收房产评估费、公证费、房屋抵押登记费等。转抵押贷款这种贷款方式在一些地区低调盛行，但存在一定的风险。大家需要谨慎做选择。

第二种是双周供。和转抵押贷款一样，这项业务的普及度也不是太高，不少人没听说过双周供。不同于常见的月供还贷，双周供是把一个月还款一次变成半个月还款一次（一个月还两次），每次还款额为月供的一半。看上去每个月房贷还款额是一样的，但是双周供缩短了还款周期，比原来按月还款的还款频率高一倍（贷款的本金减少得更快），也就意味着在整个还款期内所偿还的贷款利息会比按月还款时归还的利息少，从而节省了总支出。

有人问，双周供还款是不是比等额本息还款更省钱？其实双周供还款的总利息支出之所以较少，是因为这种还款方式的还款频率较高，偿还的贷款本金较多——当贷款本金占用银行资金的比例逐渐减小时，产生的利息就会变少。

转抵押贷款和双周供是银行创新的小范围业务，并不是主流的还贷方式。如果有人想要办理这类业务，最好咨询贷款银行。此外，办理这两种业务模式时，借款人都要缴纳一定额度的手续费，最终能否享受到优惠要具体问题具体分析。

第三种是根据浮动利率与固定利率的调整选择合适方案。在签订房贷合同的时候，银行一般提供两种利率——浮动利率和固定利率。如果固定利率推出时，利率处在上升通道，那么只要央行加息，它的优势就立即显现出来。但是，一旦央行降息，选择固定利率的买房者就吃亏了。

1991 年至 2017 年，我国的房贷基准利率有过几次明显的波动。1995 年前后的房贷利率是最近 20 年来最高的，达到了 15.3%。1995 年以后，利率相比 1995 年大大降低。比如，2007 年年底降到了 7.83%，2015 年 10 月以后，我国的房贷基准利率只有 4.90%。

第四种是选择缩短贷款年限（月还款额不变）的方式，这种方式利息较少。有的银行规定，提前还款后剩下的贷款要重新签贷款合同。比如，借款人从银行贷款 100 万元，最开始的贷款利率是九折，已经还了 30 万元，还剩 70 万元没还，此时买房者申请提前还款 20 万元，那么针对剩下的 50 万元要重新签合同，贷款利率也按照最新的政策执行。如果按照最新政策无法申请或者贷款利率还要上浮，那么此时申请提前还贷就不是一笔划算的买卖。在做决定前，借款人一定要先用计算器计算成本的变化。

换房的高卖低买玄机

一个人的一辈子很长。随着生命周期、职业选择、婚姻家庭结构等方面的变化，你在年轻时候买的第一套房子很有可能无法满足当前需要，从而产生换房的想法。在未来中国房地产交易市场的发展过程中，换房可能是大部分买房者必经的阶段。

换房俗称连环单，同时涉及买房和卖房——先卖后买或先买后卖，一般是卖一买一，也有可能是卖二、卖三再买一。总之，换房涉及的方面很多，程序复杂。无论是卖房收钱还是买房花钱，都充分考验每个人的数学计算能力。

换房想得利，实际上是换房方案和换房时机的双重交叉选择，选对了换房方案和换房时机，就可以以高价卖房，以低价买房。换房方案，无外乎三种——先买后卖、先卖后买、买卖同时进行。三种方案各有优劣，不同换房时机应该匹配不同的换房方案。在二手房交易量频频上升的背景下，这个“买”字，有时候约等于“定”——定下房源，交定金，不一定非要走完整个买房流程才叫“买”。二手房交易周期很长，且时效内双方可以约定谈判，而定房相当于锁定了房源。

“先买后卖”的优势是让换房者迅速地锁定自己心仪的房源，防止好房源转瞬即逝，但是对资金和时效性有一定要求。如果卖房速度没有跟上买房交钱的速度，就会导致违约。先买后卖比较适合资金充裕的家庭。

“先卖后买”让换房者因为手中有钱而底气更足，可以选择有条不紊地看房、选房。如果卖房流程全部走完，换房者已经拿到全款，那么在买房时更具优势，议价能力也会更强。劣势是如果换房时机选择不当，手中的钱会变得不值钱。

“买卖同时进行”让换房的两个节点几乎同步完成。在大多数情况下，人们都不太敢把买和卖两个过程隔开太久。“买卖同时进行”的优势是可进可退，可攻可守。如果想买的房子涨价了，就把自己想卖的房子提价，卖完自己的房子，就更有底气选房。劣势是极为考验人把握节点的能力和谈判技巧。换房者一定要注意把握节点，约定好买房交钱、卖房收钱的时限，避免两头靠不住，遭受换房损失。

从来没有绝对完美的换房时机，只有相对合适的换房时机。一般来说，当市场上行时，也就是在价格上涨的周期内，先买后卖最好。换房者可以锁定一个相对低的价格买入，再以一个相对高的价格卖出。当市场下行时，房价下跌，显然是先卖后买最好。这时候换房者必须尽快出手，回笼资金，此后找时机再买房（相当于变相升值）。买同一套房，晚买比早买的花费更少，或者同样的花费可以买到更大的房子。

另外，还有几条方法论可以当作换房决策时的参考准则。

· 看房人少意味着市场不好，这时市场上房子多，供过于求，谈价格更容易。看房人多意味着房价应该处于上升空间或者止跌的拐点，房子供不应求，卖房的价格可以定得高一些。时常去二手房市场走一走，问一问，或者在大型中介的网站上关注成交周期，有益无害。当成交周期变长、看房人数下降、报价不再虚高而成交价走低时，那就是换房的好时机。

· 有议价空间时买房，没议价空间时卖房。2013 年、2017 年房价疯狂上涨时都有过这样的情况：一套二手房几十个买家抢着看，卖方定价一夜跳涨几十万元。这时候几乎没有议价空间，买方着急买房，很没有安全感，容易在卖方市场凭空被套更多钱。但如果此时你是卖方，那就变成一件值得庆幸的事。

· 换房既看大房价周期，也看小贷款周期，贷款利率优惠多时更值得买房。购房总成本中的贷款所扮演的角色至关重要。贷款需要精打细算。换房之前，先研究银行利率变化和贷款政策很有必要。为了保证调控成果，政府往往会大幅度提升贷款难度。银行取消贷款利率优惠或是让利率上浮，导致借款人的贷款成本增加，月供压力上升。换房成不成功，还得看换房者能不能在一个贷款宽松期或优惠期买房。

· 理论上，上半年挂牌卖房的优势更大。过完年大家的财务状况普遍较好，所以每次春节之后都有一个房产交易的小高峰。在卖一买一的情况下，从买家角度考虑，银行在上半年的放贷指标比较充足，买房贷款难度较低，卖房容易，卖房者在拿到钱之后再买房也容易。但是如果拖到年底，银行在完成当年的放贷指标之后，一般会逐渐收紧住房贷款业务，接下来的审批周期就会拖得比较长。如果买方贷不到款，就无法顺利支付买房款项，无法达成买卖合同，也会错过买房的时机。

我们在讲述企业战略时常常引用“一边开车一边换轮子”的说法，其实，在买房、换房的过程中，也可以一边花钱一边赚钱。

共有产权房弃购背后的细账

随着北京、上海进入新房全面豪宅化阶段，越来越多的工薪阶层无力支付过于昂贵的新房却又不想买二手房。这部分群体可以考虑的新房越来越指向共有产权房这个新事物。

共有产权房是由政府指导建设，政府与买房者按比例共同持有产权的政策房。在北京，上一代政策房——自住型商品房已经全部转为共有产权房，上海这两年也定下了提供几十万套共有产权房入市的计划以完善供应结构。

共有产权房是一线城市的新风向。在“房住不炒”、调控不放松的背景下，共有产权房的地位越来越高，成为很多人入市的必选项之一。但是，北京共有产权房曾出现弃购率达70%的情况，但就在这之前，申购比却是惊人的70∶1。

从一房难求到大部分人弃购，这中间发生了什么，共有产权房是烫手山芋吗？北京这个弃购率达到70%的共有产权房项目售价为35 000元/平方米，但是在旁边几公里的地方，房价已经达到80 000元/平方米。优惠的单价是大家疯狂申购的主要原因。

共有产权房的申请标准非常苛刻。申请者需单身且满30周岁，若有离婚记录，离婚时长需达到3年以上，同时申请之前也不能有任何房屋出售记录。共有产权房将卖给真正购房能力有限的纯刚需一族，性质更纯粹，大大降低了投机者抢购共有产权房的可能性。当初脑子一热的人不敌严苛的要求，最终消失在了弃购人群中。

既然这么便宜，买共有产权房到底合适不合适？上面提到的北京共有产权房项目，位于海淀区，全装修交付，房型是78~89平方米的两居室。客观来说，对收入一般的家庭来说，每一分钱都应该用在刀刃上，面积接近90平方米的房子只做成两居，居住性价比不高。

北京的这一共有产权房项目有4种付款方式——公积金贷款首付比例为20%，商贷和组合贷首付比例为30%，如果曾有贷款记录，首付需提至60%。付款方式听上去很灵活，却存在漏洞。首付低的方案月供高，而且月供可能会达到1万元以上；月供低的方案首付又很高，比如以前贷过款，就需要150万元左右的首付，而这个首付足以买普通商品房了。关于共有产权房值不值得买，大家心里都有一杆秤。

在考虑是否购买共有产权房时，还有一点值得大家注意，那就是弃购者可能会受到一定的惩罚。累计两次及以上弃购共有产权房者，3 年内不得再次申购。怎么判断弃购呢？参与选房不交定金的、交了定金后来又想退的，都算弃购。要注意，在交了定金不买房的情况下，定金不予退还。而且，交首付的时间非常紧，选房后必须很快筹到首付款。对于财力一般的买房者来说，这不是一个太宽容的条件。

共有产权房是历史上第一次真正给投机者加了“紧箍咒”的政策房。共有产权房不得转为商品房。待买房者购买满 5 年后，只能转让给代持机构或其他符合共有产权住房购买条件的家庭，也就是说，共有产权房只能在符合购买共有产权房要求的阶层流动。正因为要求苛刻，共有产权房才能真正分配和流转到刚需者手中，间接满足其设置规则的初衷。

种种原因最终导致了北京第一个共有产权房项目高开低走。至此，北京共有产权房弃购真相大白。

09

看房与选房

中国人适合住多大的房子

统计数据显示，我国城镇居民人均住房面积已经超过了 40 平方米。和其他国家相比，中国人的住房条件达到了世界中等水平。然而，1949 年中国城镇居民人均住房面积不足 4 平方米。

人均居住面积的增长体现了楼市发展的速度，也是地产晴雨表——人均数字上涨，反而意味着风险的集聚。当年，“万通六君子”（王功权、冯仑、刘军、王启富、易小迪、潘石屹）在海南淘金，潘石屹为了核实一个项目的审批情况，在查阅有关资料时，有一个惊人的发现——当时海口市在建人均住房面积已经达到 50 多平方米，而同期北京人均住房面积才 7 平方米。我们断言“海南房地产要出事了”，并达成共识撤出海南房地产市场。

中国的城市化进程正使得更多人离开农村，去往城市。在一线城市落户也好，在二三线城市扎根也罢，买房是中国人的习惯，更是一种普遍的经济学现象。人均住房面积的上升空间往往代表了房地产发展的空间。那么，从开发商的角度来看，未来中国人可能会住进多大的房子呢？

围绕户型设计和面积设置，现在有两种截然不同的观点。一种观点是未来的中国楼市，尤其是一线城市的楼市会进入大户型时代，另一种观点是，大户型模式正在消亡，中小户型将强势回归。这两种观点都可以从现在的房地产市场中找到依据。

大户型流行的论据是，在北上广深这些城市，中产阶层日益富裕，其中改善型买房者是主流购房群体。第一，他们追求更大的住房面积、更多样化的户型，对房价的承受能力也更强，倾向于购买大户型。第二，在二孩政策放开后，有能力生养二孩的往往也是购房能力更强的人群。二孩的住房需求加上与老人同住的需求，导致大户型非常抢手。第三，相对于小户型只能作为过渡性住房，大户型几乎可以一步到位地解决所有住房需求。在房价飙涨的背景下，“一步到位”还可以节省换房成本。

中小户型越发紧俏的论据包括以下方面：第一，近年来中国房价稳步升高，购房成本越来越高。在可承受的房屋总价范围内，越来越高的单价导致中国人买得起的居住面积越来越小。第二，房价上涨，因为地价也在上涨。开发商为了控制成本，会避免设计太大的户型，以免单套房产总价过高造成销售困难的局面。第三，由于特殊的供地节奏和供地方式，未来一两年内大户型的房子很快就会被消化完毕，我们将很难在市场上再见到位于优质地段的大户型产品。

供给与和需求相互影响，相互制约。从买房者的角度来看，购买多大面积的房子最合适呢？关于这个问题，同样有两个答案。一个是从定性出发，另一个是从数据上寻找参考标准。

从定性角度来分析，住得下、分得开是衡量住房面积的软性指标。什么叫住得下、分得开？以前我和妻子住在筒子楼里，房子面积只有 12 平方米，也没有厨房，只好在楼道里用煤油炉子做饭，更别提书房了。这种情况是住得下。如今，刚工作的年轻人拥有的存款一般不多，也许只够买下 60 平方米的一居室或者 40~50 平方米的开间。如果是手头宽裕的新婚夫妇，应该做长远打算买个小三居。夫妇住一间，将来小孩住一间，另一间可以用作书房、储物间或者再放一张床改成客卧。双方父母来的时候住得下，也不用打地铺。如果是三世同堂，老人、夫妻、孩子都有各自的私密空间，休息、工作、娱乐互不打扰，相安无事。这才叫住得下、分得开。

对于生活条件不错的人来说，购置大户型成为满足改善性购房需求的主要选择。这就涉及我说的第二点——从数据上寻找参考标准。截至 2013 年，中国城镇人口的人均住房面积是 32.7 平方米。从数据来看，未来买房面积最大不要超过 100 平方米 / 人，比较合理的是 50 平方米 / 人。三口之家购买一套 120~150 平方米的三居室为宜。平均每间卧室占 20 平方米左右，这样一来，120 平方米的房子除去 3 间卧室，还可以有书房、儿童房等活动空间。

从刚需买房过渡到改善需求，人们要耐心地一步步提高对购房面积的要求——单身时买小户型，婚后结合个人购买能力买两居室，有了孩子之后再换更大的。小步快走，最终一样可以实现预期的买房目标。

为你梳理购房逻辑

一个人在买房的时候总会考虑很多因素，瞻前顾后，迟迟不敢出手。事实上，决定一次房屋交易是否合理的逻辑并不复杂。我将为大家梳理以下 5 条选房逻辑，帮助大家在投资房产时避免失误。

第一条，好的户型可以弥补住房面积的不足。受制于总房款，很多人没有办法购买更大面积的房子，也有人追求复合功能的居住空间，在买房时一味地要求面积，最后不得不举债才能完成支付。一个三口之家想实现居住空间分区，则没有必要购买大开间。而一个五口之家需要购买两居以上的房子，才能保障足够的居住空间。其实，选对了户型依然可以用可控的成本实现舒适居住的目标。

长条形开间浪费的面积少，如果你在屋里打一个隔断，就能达到一居室的效果，只不过客厅的光线会比较暗；如果你选择带有两个窗户的正方形开间，加上隔断，甚至可以实现两个全明的分区，居住起来一样舒适，而且户型紧凑，不浪费面积。

光看几居室的总面积是不够的，关键是把入住后的起居场景放在户型里考量。很多户型的浪费面积较少，可以实现多功能居住的规划；而有些户型只是一味地追求房屋面积，在客厅转弯处浪费很多空间或者厨房和洗手间的面积过大。

第二条，综合考量地段和通勤时间成本。在竞争日趋激烈的社会中，人们的生活节奏加快，而穿越城市的时间成本和交通成本变得越来越高。尽管李嘉诚说过“地段、地段还是地段”的经典方法论，但在选房的时候，交通便利度可能是更重要的因素，这意味着买房者必须综合考量地段与通勤便利性。

现在很多城市在打造一系列新概念居住区——CBD（中央商务区）、产业园，但是居住区周边的交通网络不是很发达。即便房价合适，买房者可能也要慎重选择。从小区到地铁站看似只有 3 公里的距离，如果这条路上每天堵车，买房者的居住体验就会跟着变差。

第三条，买房者不要老想着一步到位。中国的大城市正在进入存量房主导的时代，在未来几年换房是常态。通俗来讲，就是二手房成交面积超过了新房成交面积。城市建设成本越来越高，新房的供应结构趋向远郊化、大户型化、豪宅化，买房者选择二手房的可能性会越来越大。

二手房市场的成熟度也超过了新房市场，买房者在买房时可能越来越被几个单独因素影响。首次置业、购买力有限、青睐便利的交通条件的人可以选择小户型，在家庭成员增加之后，可以选择居住在位于郊区的大户型，等孩子到了入学年龄，为了获取优质教育资源，再考虑去城市中心购买学区房。随着年岁渐长、财力增加，人们希望改善居住环境，可以购置郊区的改善型房源，回到郊区养老。

一个人在不同的人生阶段会产生不同的需求，所以买房者不要总想着买一套房解决所有问题，最后陷入选房的纠结之中。一步一步地分析自己最紧要的居住需求，做出合适的选择才是当务之急。

第四条，合理依靠贷款杠杆，增加负债率，实现套利。在能力允许的范围内，借款人可以选择贷款额最高的方式买房，虽然在还贷的过程中会痛苦，但在利率合适的时候，合理的负债是一种基于机会成本的套利。从低成本的地方拿到钱，放到收益相对更高的地方是明智的。在当前的房地产市场大环境下，货币贬值是大概率事件。对于买房者来说，能够贷款买房时尽量贷款，贷款时间越长越好，因为货币贬值反而会减少你的负担。

为什么现在买车便宜了，很多人还是选择贷款买车？这和贷款买房的原理是一样的。当银行理财的利息比贷款买车的利息高时，那为什么不把钱挪一个地方，做其他的事赚取收益呢？买房也是一样，公积金贷款买房的利率最低只有 3.25%。相比于全款买房，把钱分散到收益更合理的领域做投资，才是明智之举。

第五条，先做充分调查，包括开发商、物业公司和周边不利因素等，再交定金。开发商在某种程度上代表了一个房地产项目的风格和品质。现在的品牌开发商都有标签——刚需专家、别墅专家、豪宅开发商或产业大盘缔造者。开发商各有所长，有的擅长园林绿化，有的擅长户型设计，有的擅长科技住宅。一般来说，闽系开发商比较注重户型，粤系开发商更注重房子质量，京系开发商更注重社区。房价、地段等因素固然重要，多了解一下开发商背景和开发风格，同样会使买房者对未来的交房情况更有把握。物业公司对提升居住体验也尤为重要。另外，买房者需要重视周边不利因素的影响，包括附近是否有污水处理厂、化工厂、坟地等。

关于周边地块的调查涉及房地产板块是否成熟、房价是否有上涨空间等问题，对买房者的专业能力有极高的需求。周边的商业地块容积率是低还是高？是豪宅还是经济适用房？还会不会建新的学校？新的小区会不会跟你的小区形成差异互补？这些问题都会影响到未来你所居住的社区最终的房价。

我希望以上这 5 条选房逻辑可以帮助广大买房者厘清购房思路，最终买到称心如意的房。

8 条选房指南：新房 vs 二手房

新房、二手房作为不同的房源类型各有优势和短板，其首付门槛、贷款标准、税费款项、持有成本也不一样。不过，我始终认为买房是一道数学题。虽然无法从数学角度精确地概括新房和二手房哪一个更便宜、更优惠，但是买房者却可以形成一系列估算新房、二手房购买成本的方法论。这一系列方法论可以总结为 8 条选房指南。

第一，如果刨除房款这一部分，买房者购买新房时要交的税费少，购买二手房要交的税费多。与新房交易相关的税费包括契税、公共维修基金和物业费，而购买二手房涉及契税、个人所得税、增值税及附加、物业费等。如果通过中介机构达成房屋交易，买房者还要额外交一笔中介费。中介费一般是总房款的 1%~3%。

第二，新房的首付容易计算，而二手房的首付计算方式非常复杂。买房者在购买新房时，根据所购房产是首套房还是二套房，即可轻松计算出首付占总房款的比例。但是，购买二套房的首付并非一般意义上的首付，远比计算出的数字要高。在二手房交易过程中有一个概念叫作评估价，如果待交易房产经过专业机构评估之后给出的价格低于实际成交价，那么贷款部分只能按评估价计算，剩余的差价全部需要在首付里补足。

第三，新房的使用年限更长，二手房经过一次或多次流转之后，可使用年限更短一些。房屋的使用年限不仅影响居住时长，还会影响贷款年限。比如，一套二手房只剩下 20 年的使用时间，那即便贷款上限为 25 年，买房者也无法贷满 25 年，最多只能贷 20 年，直接导致月供变多，还贷压力增大。

第四，二手房包括屋内自带装修，买了就可以住进去，俗称“买现在”，新房不一定自带装修，所以还要在总房款中加上装修的预算。如果买房者购买的新房是期房（俗称“买未来”），那么要等几年才能收房，且有可能是毛坯房。买二手房，所见即所得；新房最终什么样子可能要靠想象。如果是期房，开发商承诺的交通、小区规划、学区、配套设施、周边产业等利好，也不一定可以完全兑现。每一枚硬币都有两面。由于一系列不确定因素，新房（尤其是期房）反而比二手房的预期空间、升值空间更大。

第五，买房者贷款购买新房时一般要等到楼盘封顶后才开始还贷，缓冲时间至少拉长了几个月，而贷款买二手房则要求买房者在过户的次月开始还贷，压力来得更快。

第六，买新房的交易过程是：去售楼处，看样板间，审核资质，交首付，买房申请贷款，还贷款，交房，交契税，入住。买二手房的交易过程是：看房，核实产权，签订买卖合同，交首付，买方申请贷款，交税费和中介费，过户，交接水费、电费、煤气费和物业费，换房产证，贷款申请通过、交付房屋。买新房的交易流程简单，风险较低。购买二手房的每个环节都有风险，比如在看房时可能遇到假房源，在过户前房东可能违约，等等。

第七，与购买二手房相比，购买新房几乎没有议价空间。开发商销售新楼盘的定价经由政府审批，不会轻易降价，买房者顶多可以找开发商申请几个点的折扣。二手房交易是一个完全自由的市场——买卖双方自主定价，自由谈判，价格上浮或下跌的可能性都有，理论上其议价空间无限大。如果卖方着急套现，那么买方极有可能谈下来一个很合适的价格。

第八，新房的风格更符合当下的产品设计理念和审美偏好，而二手房的户型设计可能已经过时。

存量房时代，为什么新房仍值得买

如今，北京每成交 7 套房，大约有 6 套是二手房。当中国全面进入二手房时代，新房还具有投资价值吗？为什么新房依然值得买？

第一，新房在价格上有明显优势。得益于楼市调控时期的限价政策，现在新楼盘的开盘价格可能比之前还低。而且，很多城市已经形成了新房、二手房价格倒挂的格局——新房比周边二手房的价格还便宜。

第二，新房为买房者提供一种全新的居住体验，能够让买房者享受到一种新鲜感。相反，二手房几经流转之后不仅保留了之前房主的生活痕迹，而且导致房屋的使用年限缩短。

第三，在购买新房之后，买房者完全可以按自己的想法设计房屋布局和装修风格，而二手房装修费时、费力、费钱。另外，受制于二手房房屋结构的基础设计，买房者不一定可以对墙体和管道线路进行二次改造。

第四，对楼层、房屋朝向有个性化要求的人群更适合买新房。凡是看过二手房的人一定会有这样的经历：看了 10 套房，好不容易找到一套各方面条件还不错的房子，结果发现朝向不好；而价格合适的房子，所处的楼层又不能让人满意。想买到一套称心如意的二手房相当困难，而新房更标准化、更多样化的户型设计意味着更多的选择。

第五，购买新房时交房款、计算税费的流程比购买二手房简单得多。买二手房不是简单地按照比例交钱就可以，而是要先减去贷款额度再倒推首付比例，结果首付比例往往比购买新房还要高。此外，在北京买新房需要缴纳的契税、公共维修基金等，一般在交房时才交。可是买二手房不仅要额外交十几万元到几十万元不等的中介费，而且这一系列费用有时候需要在买卖达成的第一时间交纳。

第六，买新房立等可取，整个交易过程最短只有几个月。一旦买房者看中了某个楼盘的新房，等到开盘时摇号选房，然后交定金、签合同、交首付、贷款，新房就到手了。但是买二手房的流程很多，在交易过程中还需要提防各种陷阱，劳心伤神。

第七，新房的升值空间比二手房大。新房一般比二手房的使用年限长，所以后续房价的上涨幅度更大。另外，新房的配套设施和周边资源一旦形成利好，日后房价往上走的可能性持续变大。

假定你已经确定购买新房，还有几点值得关注。

一个楼盘的销售周期可能长达几年，新楼盘开盘往往也分为很多期，那么什么时候买房最划算？有网友总结了一句话：首开叫投资，加推叫升值，结盘叫兑现。翻译过来就是，第一次开盘时购买成本最低，但风险也最大；如果房地产企业后续开盘，则意味着楼市向好，房价会上升；楼盘销售的最后阶段剩下的称为尾房，买房者在这一阶段买的是现房，当初预售时的承诺通常都会兑现，但是价格也会很高，升值空间比较小。考虑到升值空间，一般我们选择购买新开盘的或者是刚刚加推的楼盘。

在购买新房时，买房者除了看地段、看价格、看房型，还要在宏观层面上考量交通条件，周边产业和学区，因为这些因素带来的升值空间可能比地块本身更大。一个附近马上要开通地铁、高铁，但是位置较偏的楼盘，说不定会比一个位置没那么偏但是附近没有地铁和高铁通过的楼盘涨价的速度更快。产业集聚带来人群的集聚，自然也能带动房价的上涨。北京回龙观位于五环开外，为什么那里的房价依然那么高？原因是，在附近的互联网软件园和中关村工作的程序员把当地的楼市激活了。学区房也是中国家庭特别关注的问题。人们对学区房的需求一直很旺盛，其房价自然会不断上升。

从微观层面来看，采光、朝向等因素也会影响买房者的决定。

宏观和微观，两手都要抓，两手都要硬。只有这样，买房者在购买新房时才能选到最合适、最占优的房子。

现房购买指南

中国的商品房市场普遍实施预售制度，但是仍然存在买现房的机会。在明白现房出现的原因之后，我们就知道什么时候才是购买现房的好时机。现房的出现取决于以下几个因素。

一是开发商的策略。开发商会在一些有升值空间的房地产项目里预留一部分房子，甚至是“楼王”——综合各类要素后的最佳房源，一直要压到最后阶段才售卖。所以，对于那些追求居住质量的置业者来说，这些房子是比较合适的现房之选。

二是开发商的失误。开发商或许前期在推盘策略上出现失误，导致楼盘滞销，到了现房阶段依然没有结盘。大家在买现房之前要做一下调研，判断一下现房出现的原因是属于第一种情况，还是第二种情况，因为有时候第二种情况也会被开发商包装成第一种情况。

三是政策限制。政策往往是限制新房入市的一个重要因素，比如政府采取限价政策或加大发放商品房预售许可证的难度。开发商最后不得不将预售房转成现房入市，而买房者可能会因此享受价格上的优惠。

相比于期房，现房有很多不同的特点。

· 买房者可以看到实物，户型和朝向等一目了然。

· 现房即买即住，不用像买期房那样需要等待一两年甚至更长的时间，从而规避烂尾楼的风险。

· 开发商之前承诺的内容已经兑现，买房者不需要过多地担心自己要承担的风险。关于绿化、精装修、楼盘周边的商业区和学区等方面的建设，买房者可以根据前几期的情况进行判断。

· 买房者完成现房交易之后马上可以办理房产证，不用担心开发商手续不全等问题。

· 现房一般不便宜，尤其是在房地产市场整体较好的情况下，现房的价格要比期房高很多。

· 购买现房时，买房者可以选择的空间比较小。开发商也许最后只留了一栋现房发售，买房者不一定能购买到理想楼盘、理想楼层的房子。

· 购买现房时，买房者无法使用期房分阶段付款的方式，需要提前储备大量的资金交首付。

如果买房者决定购买现房，要特别注意以下两点。

第一，一定要查看两证，即土地使用证和房产证。买房者要特别留意自己买的房子是否已经被抵押。有的人仅仅基于某个小区已经有人入住或其他入住的业主已经拿到房产证，就判断自己在拿到房产证后万无一失，这实际上是一种误解。

买房者一定要清楚，房子按套拥有独立产权，别人的房子没问题，不等于自己买的房子就没问题。如果开发商盖好了房子却没有预售出去，那么这种房子被抵押的可能性很大。还有一种情况就是尾房——楼盘开盘之后，还剩几套没卖出去，但是预售许可证已经过期了，房产证又没办下来。这种无证房不是买房时的优选，如果买房者非买不可，一定要查清楚。我比较推荐的办法是坚持在预售合同登记备案后再付款。

第二，在签合同前去楼盘做实地调研。有一些问题要特别留意，比如光纤网络是否入户，层高是否达到标准（层高一般是 3 米，净高一般为 2.8 米），采光和视野怎么样，楼盘的前方是否有遮挡物，户型是否合理，厨房的防臭弯头是否安装齐全，橱柜脚有没有渗水的迹象等。

在签订现房购买合同时，买房者还要注意开发商拿到产权证的时间、产权性质和土地性质，如果都没有问题，就可以放心签合同。

老家棚改拆迁，如何求偿

全国棚户区改造拆迁正如火如荼地开展，三四线城市产生了大量的置换新房的需求。

目前，我国棚户区改造补偿主要分以下几种方式。

这几年，货币补偿是最普遍的方式。用公式表示的话就是：通行的补偿标准 = 被征收房屋价值补偿 + 搬迁费 + 临时安置费 + 停产停业损失补偿费 + 外迁补助费 + 其他补助费。数据显示，2018 年我国棚改货币化安置比例达到 60% 以上。也就是说，有超过 50% 的棚改户最终会进入新房或二手房市场，成为房屋成交大军的主力。

棚户区改造补偿的另外一种方式是实物补偿——安置房。安置房的面积根据拆迁户原有房屋的面积确定。被补偿的一方可以选择回迁房或商品房，不需要自己再去找房源购买。接受实物补偿的拆迁户在指定的小区范围内选择房源，如果新购房屋的价格高于拆迁款，拆迁户要自行补缴房价差额。经济困难、无力购买安置房的棚户区居民可以通过租赁型保障房等方式满足基本的居住需求。

此外，有一些因素也会影响到拆迁补偿的安置情况，比如拆迁户的房子有无房产证、户口关系是否清晰、土地性质和房产项目性质如何等。相应地，一系列涉及拆迁户利益的问题也需要捋清楚。

在申请拆迁补偿的时候，院子的面积怎么算，能不能得到补偿？一般来说，如果带院子的房子有房屋所有权及土地使用证，那么房主对空地和院子就有土地使用权。《物权法》规定了地随房走，房随地走的原则，所以，如果院子的土地在征收范围内，相关部门应统一给予货币补偿或实物价格的补偿。

自建房、违建房可以获得拆迁补偿吗？违建本身不合法，肯定得不到补偿，而自建的临时建筑，要根据情况判断。未超过审批权限的临时建筑能得到一定补偿，但是自建房和正式房的补偿标准肯定是不一样的。

农村集体土地性质的房子如何进行拆迁补偿？一些被拆迁的房子虽然地处市区，但房子仍属于农村集体土地的性质，并且房屋没有被征收。在判断该不该得到补偿之前，拆迁户要先判断自家房子所在的土地有没有被征为国有。如果已被收归国有，将按照国有土地房屋的标准予以征收补偿和安置，如果没有被收归国有，则不能得到补偿。

有的人虽然实际上是户主的直属家人，但是户口本上没有他们的名字，如何计算？拆迁户可根据被征收人的实际住房情况，酌情判断。如果拆迁户与拆迁部门争执不下，就要考虑走法律程序。

如果家里的户口本上有很多人，可否争取更多的安置房？安置房的多少取决于实际居住情况，所以户口本上没有名字的人不一定分不到安置房或安置款，户口本上有名字的人多也不一定代表拆迁户能分到更多的房子。

安置房是为解决被征收房屋人口的住房问题所建的，拆迁户并不一定可以争取到更多的安置房，但可以争取更多的补偿款。

如何跟着棚改节奏买房

投资和棚户改造共同救活了2017年至今中国三四线城市的楼市。房子被拆除之后，有一批人无房可住，于是购房需求有了支撑。货币化安置对于楼市的贡献无可取代。通过货币化安置，拆迁户就有钱交首付了，进而就推动了楼市成交量上涨。

安徽芜湖，不是国内经济发展最火热的地方，人才争夺的利好也没有其他二三线城市这么多，但是房价和成交量却一直在上涨。为什么？棚改功不可没。我查到一个数据：芜湖的货币化安置比例竟然高达100%——所有的棚改户最后拿到的都是钱，而不是房。拿到钱之后怎么办呢？当然是去买房。

棚户改造创造了大量的社会流动性，激活了一个区域的房地产热度，也提高了房屋周转率。为了妥善解决棚改拆迁问题，去库存是一种较好的办法。当然这办法是不是有效，关键取决于货币补偿的比例。有一个官方的统计显示，如果剔除棚改货币化的作用，2017年中国住宅销售增速恐怕连1%都不到。棚改货币化拉动2017年住宅销售增速4.41%。这种效应在三四线城市尤为明显，引起房价轮番上涨。

当我们提到三四线城市，不能完全抛开棚改因素去评判当地的房地产市场发展。因为棚改拆迁而需要在三四线城市买房的人士也要使用棚改视角，寻找买房的最佳时机。

首先，从棚改的节奏判断入市的节奏。一旦某地在一段时间内密集出现棚改项目，紧跟着，楼市一定会迎接井喷式的购房需求。如果买房者赶上这一波房屋成交高峰，也就赶上了涨价区间。普通买房者一定要在该区域棚改货币安置资金到达拆迁户手里之前入市。此时，房地产市场相对稳定，而且入市时机和价格都相对有利。

其次，我们要时刻注意开发商的动作。一旦察觉到一个城市出现大量的棚改购房需求，偏重三四线城市房地产开发的大型开发商，比如恒大、碧桂园可能会提前进驻该类城市。它们来到棚改区域大展身手，提供更新的房子、更好的户型、更好的小区环境、更好的物业，会提升这些地方的整体房地产开发水平。人们的选择变得更多，居住品质也跟着提升。当然，为了买房，更多的开销也是必然。开发商的到来，在客观上将改变小城市以往陈旧的外貌。

最后，看三四线城市的楼市时，眼光要长远，可以保持乐观，但更需谨慎。进入和退出任何一个市场都有时间规律。三四线城市的楼市发展的后劲儿是否会不足？这个问题并不取决于棚改购房需求能否持久释放，而取决于这个城市的发展潜力是否能跟上，有没有新的经济增长点，以及政策会不会释放利好。在短期内如果没有这些真正支撑经济增长、城市发展的动力和因素，只有棚改，那么买房者在这段时间内躲过涨价高峰才是理性的选择。如果在三四线城市有长期的投资计划，买房者就要找到合适的进入、退出和换手时间点，因为拐点会快速消失。

在经济结构没有发生根本性改变的三四线城市，棚改带来的房价上涨趋势是短暂的，市场的热度只是一时。在这种情况下，能否在低点进入，在高点撤出，极为考验买房者对楼市的判断力和换手的行动力。

为什么说共有产权房可以买

提起政策房，大多数人都会想到共有产权房。关于共有产权房，很多人只有模糊的看法，并没有完全搞明白它的定义以及它产生的原因，也不知道采取何种购买方式。在对共有产权房深入了解之后，未来可能有很多中国人会将共有产权房纳入自己的选择范围。

共有产权房是地方政府让渡部分土地出让收益，低价配售给符合条件的保障对象或家庭的房屋。保障对象与地方政府签订合同，约定双方的产权份额以及保障房将来上市交易的条件和所得价款的分配份额。共有产权房有两个重要的特点。第一，每平方米的价格比正常商品房的价格便宜。第二，产权可以分开销售，整体预算和购买门槛都下调了很多。

有一点必须明确，共有产权房面向中低收入家庭发售，而不是一个所有人都有资格购买的房产类型。和北京前几年推出的自住型商品房类似，共有产权房只是为了解决住房困难家庭的购房难题。在这个模式中，个人与政府都出一部分资金，产权也是共享的。

共有产权房其实不是新事物，它自在中国诞生已经有 10 多年了。2007 年，共有产权房最早在江苏省淮安市试点，现在江苏的共有产权模式已经比较成熟。到 2017 年，北京首个共有产权房项目公示，烟台等三四线城市也相继有共有产权房项目落地。不同于其他具有高房价色彩的住宅产品，共有产权房在全国各个城市都具备实践的可能，也是匹配所有城市中低收入家庭需求的一种房产类型。在共有产权房政策还没有落地的城市，这种房型对于当地楼市的影响值得期待。

到底哪些人在共有产权房的申购之列？从一些条例中，我们可以看出政府降房价的决心和引导中国楼市长期、温和、稳定、健康发展的目标。一些城市已经明确规定，承租保障性住房的家庭可以申请共有产权房，但不能再次申请其他保障性住房。

北京各区的房源都有 30% 留给新北京人，在重点功能区、产业园区范围内还将有人才共有产权房项目。这便兼顾了城市新涌入群体的住房需求。

《北京市共有产权住房管理暂行办法》规定，申请人应具有完全民事行为能力，申请家庭成员包括夫妻双方及未成年子女。单身家庭申请购买的，申请人应当年满 30 周岁。申请家庭应符合本市住房限购条件且家庭成员名下均无住房。有住房家庭夫妻离异不满三年、单独提出申请时将受到限制，另外申请家庭在本市有住房转出记录的也不可以申请共有产权房，等等。这显然是在封堵一切可能出现的漏洞，把共有产权房真正卖给有实际需求的人。

共有产权房和商品房的区别到底有多大？这里首先涉及一个很现实的问题，即买共有产权房能不能落户口，子女能否获得当地的入学资格。其实，虽然政府和买房者分享共有产权房的产权，但不影响它是正规大产权住房的事实，所以，共有产权房购买者和购买其他普通商品房的人一样，都可以享受落户和入学政策的利好。

另一个问题是买房者买了共有产权房之后将来怎么将其卖出。从长期来看，随着家庭财务情况的改善，买房者可以花钱向政府买回剩余那部分产权从而获得商品住房产权，之后可以自由入市。这相当于给困难家庭入市买房提供了一个机会。

以烟台市为例，物价部门按商品房价格下浮 10% 核定共有产权房的销售价格，买房者可先购买共有产权房 70% 的产权，两年之后再决定是否增购剩余的 30% 产权，拥有 100% 完全产权后可入市交易。剩余 30% 产权的价格按两年后当时的计税评估价格计算。

这么来看，对购房能力一般的家庭来说，共有产权房真的是一大利好，这意味着买房者并不会永远被高房价挡在楼市大门之外。

共有产权房的推出与流行的“住有所居”概念联系密切。全国迎接推进共有产权房建设的大潮，比如，北京市政府在2017年就承诺五年内将完成25万套共有产权房相关的土地供应。加快共有产权房房源供应，提升建设品质，有利于促进公平合理地分配社会资源，也有利于稳定社会预期，抑制投机性购房需求，让住房回归居住本质。

以前，北京的自住型商品房要求买房者在拿到房产证5年之内不能卖出，5年之后才可以卖出去，增值部分的30%要上交给国家。交完30%的收益之后，房子完全就属于商品房了，房产持有者可以自由买卖。但共有产权房的限制严格得多，是一种让买房者真正有望买得起、住得上，最终也可以占有完全产权的保障性住房。

10

二手房

二手房买卖流程全梳理

存量房时代已经到来，越来越多的人选择购买二手房。未来中国楼市交易的主导者可能不再是开发商，而是买卖二手房的中介。

新房供应量和成交量都在萎缩，这一趋势在大城市表现得更为明显。分布在市中心的新房属于豪宅类型，价格太高；分布在远郊区的新房，位置太偏僻。一比较，二手房可能是更合适的选择。

居住需求有了更多延展。因为各种各样的需求，比如学区房、交通便捷度或者楼盘周边配套的成熟度等，人们在新房和二手房的选择中越来越倾向于后者。

换房在中国越来越普遍。随着家庭成员的增加、居住需求的变化，中国家庭每隔数年就会换一套房子住，而不是选择一辈子只买一套房子，买到二手房的可能性也会随之变大。

二手房将成为买房者选购房产的主流选择之一，然而二手房买卖的复杂程度远比新房要高。很多人在买二手房之前，甚至还搞不清楚基本的买卖流程。下面我为大家梳理一下二手房买卖的来龙去脉，并且将重点展开房价确定后的流程和步骤——这个阶段也是最容易有变数的阶段。

首先，卖方先把房源信息挂出来，同时买方从不同渠道寻找房源。买卖双方在这一阶段都可以选择跟几个中介同时打交道。卖方为了接触到更多客户，更快成交，可以将房子同时委托给多个中介（有利于提升办事效率）；而买方也可以多找几个中介看房，有些房源是单个中介机构独有的，多找几家中介可以看到更多房源。

其次，中介介入，带买方看房源。当买卖双方匹配以后，还有 4 件事要做：卖方与买方达成交易意向，谈妥一个双方都能接受的价格，买卖双方签署《买卖定金协议书》等文件，买方向卖方支付定金，签署《存量房屋买卖合同》等交易文件。

在买卖双方预约网签时间并通过网签后，这套房只能卖给已签约的买主，若违约需赔付违约金。网签发生在贷款之前，并非贷款批下来之后才进行网签。商业贷款的流程是：先评估交易房屋现值，由此推算出买方应支付首付的数额；接下来贷款银行面签，批贷款；在完税过户后办理物业交割，办理抵押登记，领取他项权利证，领取抵押后的房产证，贷款银行发放贷款。公积金贷款的流程是：在交易房屋现值评估、买方支付首付之后，还需要由公积金管理中心做初审，进而完税过户和进行物业交割，然后贷款银行放贷，办理抵押登记，领取抵押后房产证，至此整个流程完成。

即使步骤如此明了，仍有三个地方需要特别注意。

第一，对于没有解除抵押的房子，在卖家还清贷款并由银行出具抵押注销材料后，才能进行产权过户。

第二，现在有很多交易是连环单，比如“卖一买一”，可能同时牵扯到至少 2 套房子的买卖，买卖双方应该在交易前期达成协议，因为二手房交易涉及交定金、等待过户等相对耗时的环节。

第三，充分了解房地产市场政策是一次成功交易的基础。除了明确到底要交多少税、多少首付，可能在哪个环节出问题，还要做好充分的市场调研，比如，房子是否有抵押，能不能过户？房子是否被法院查封？房本上所有房主是否都同意卖房？如果不提前调研，你会发现，即便顺利走完全部交易流程，最后买到房子，也仍然有一堆问题等着解决。

重新审视中国房地产经纪人

房产中介们常常这样形容自己——日子好过的时候月薪超过金领，不好过的时候不如低保户。市场下行的时候，中介要靠什么活？这个群体的生存状态又是什么样的？这个中国人卖房、买房时都很难绕过的行业，真实的画像又是什么样的？我从一些中介研究机构那里拿到了一些数据，在这里分享给大家，这样能更全面地了解了这个群体——他们的专业岗位名称其实是房地产经纪人。

房产经纪人原来是这样的一群人：中国房地产经纪人中，男性比女性多，每 100 个房产经纪人里面有 80 个是男性。房产经纪人不只是年轻人才会选择的职业，实际上，中国有很多超过 40 岁的房产经纪人，而且在 40岁~49 岁这一年龄段，女性比男性多，50 岁以上的女性房产经纪人占到这个年龄区间房产经纪人的 70%。究其原因，20 世纪末有一批下岗女性加入房产经纪行业，到现在她们已经有四五十岁了。尽管如此，房地产经纪人行业依然是年轻人的主要舞台。中国房地产经纪人的平均年龄是 25 岁。

房产经纪人已不是低学历的象征。由于链家这样的大型房地产经纪企业青睐招聘本科毕业生，再加上经纪人收入也不低，不少大学生毕业后也愿意选择房产经纪这份工作。目前，中国 97% 的房产经纪人受过高中以上教育，有 20% 完成了大学本科教育。链家表示希望到 2020 年实现链家房产经纪人大学本科学历占比 51% 的目标。

接近 30% 的房地产经纪人将人生的第一份工作安排在中介公司。超过 80% 的房地产经纪人全职卖房、租房。

中国 70% 的房地产经纪人是单身，接近 30% 的房地产经纪人已婚，离异者不足 2%。

一线城市房地产经纪人家庭年收入的中位数为 95 000 元，

非一线城市房地产经纪人家庭年收入的中位数为 67 000 元。

中国卖房的经纪人普遍没有房。数据显示，90% 以上的房地产经纪人没有参与过投资房屋，有房产的只占 9%。

中国 72% 的房地产经纪人没有从业资格证，但是在一线城市，持有房地产经纪人执业资格证的经纪人比例却高达 44%，所以一线城市房地产，经纪人的服务水平比二三四线城市高。

中国房地产经纪人的职责不只是卖房和租房——做新房交易的占 65%，做咨询的占 12%，做商办业务租赁的占 11%，做商办业务买卖的占 10%，剩下的从事物业管理、搬家业务等领域工作。

中国房地产经纪人最喜欢在从业满三年的时候离职。为什么呢？可能三年刚好是一个楼市调控周期，等他们赚够钱，就可以衣锦还乡。

虽然大部分中介机构都有自己的线下门店，但是中国有 97% 的房地产经纪人更倾向于使用互联网展示房源详情，这与大部分中国人喜欢使用手机和电脑获取资讯有关，也与中介行业“互联网 +”发展战略有关。

房地产经纪人对未来的计划，更能说明他们对行业的认同感和归属感。每当楼市进入调控阶段，就是经纪人离职潮爆发的时候。对于中介公司而言，员工离职虽然会降低劳动成本，但也会严重影响公司运转，因为一旦房地产市场回暖将无人可用。

中国二手房市场正在快速发展，但中国房地产经纪人的工作幸福感和职业荣誉感显然还没有跟上这个行业前进的步伐。

房产中介能从你身上赚走多少钱

当我们抱怨房价高的时候，也经常把情绪对准了房地产经纪人。在中国，一名房地产经纪人究竟能赚多少钱？他的收入是怎么赚的？

经纪人拿佣金不只是在房屋买卖最后成交的时候，从收房、拿到房主钥匙到带看等环节都能分到钱。

带看是房屋买卖成交的核心，带有意向的买方看房子并最终达成成交是中介作业的重点。截至 2017 年 7 月，45% 的房地产经纪人一年内的成交量不超过 5 套房子，16% 的房地产经纪人每年成交 15 套以上房产交易。业务能力越强，赚的钱越多，业务能力差的房地产经纪人可能过得并没有买房者以为的那么舒服。

2017 年年中，中国房地产经纪人买卖业务交易额的中位数为 110 万元，一线城市则是 350 万元。交易额越高，房地产经纪人拿到的佣金自然就越多。

在一线城市，房产总价 300万~500 万元是交易额分布最多的区域，这个区间的房产成交比例达到了 10.6%，500万~3 000 万元区间的成交比例逐渐下降，在 3 000 万元以上的区间，成交比例反而达到了10.9%，比300万~500万元区间的成交比例还高。可见，一线城市专门负责销售顶级豪宅的房地产经纪人并不少，并且收入颇丰。

最近两年，中国房地产经纪人每周工作的时间在70个小时左右，平均每天工作10小时左右，接近40%的房地产经纪人每周工作长达80小时以上，工作强度明显高于其他行业。然而超时工作并不一定能给房地产经纪人带来明显的收入增长。他们每天早出晚归，虽然辛苦，但业绩也不一定会相应地增加，收入也未必有所提高。

在房地产经纪人的所有业务中，平均有接近30%的业务来自重复交易。大多数房地产经纪人从业年限较短，老客户人脉较少，业务开展受到限制。相反，深耕这一产业越久，对于片区越熟悉，成交量越高，房地产经纪人的业绩越好。也就是说，一个房地产经纪人要想提高收入，就得在一个业务领域内深耕，跟客户形成良好的互动从而推动重复交易实现。

在中国，房地产经纪人的收入模式主要有两种，一种是佣金分成加底薪，另一种无底薪但享受高比例的佣金分成。超过40%的房地产经纪人采用佣金分成加底薪的方式。一线城市主要使用这种方法，其他城市房地产的经纪人大多没有底薪只享受佣金分成。

中国房地产经纪人年收入的中位数是5万元。从事该行业12年以下房地产的经纪人的年收入与从业时间呈正相关，即工作经验越丰富，收入越高；但是从业12年以上的房地产经纪人则相反，其中一线业务人员明显比管理者赚得多。有的人一年只能拿到5万元的佣金，也有的人一年拿到150万元的佣金，不同房地产经纪人之间的收入差别甚大。

正规的房地产经纪公司都会为经纪人购买三险或五险，有时还提供享受带薪年假的工作待遇。到目前为止，中国雇佣房地产经纪人的中介公司有1 000家以上，从业人数超过200万。我们几乎每天都可以看到他们西装革履骑着电动车穿梭大街小巷带看房源，这也成了中国海量存量房交易市场的一景儿。

随着楼市调控的推进，房地产经纪人的工作状况、收入模式还会继续变化。但总体来看，我们可以乐观地预测，当房价上涨、二手房交易量不断上升的时候，经纪人的收入水平也会随之上升。

大型中介机构在规模上越来越有优势，同时“互联网+”也带来技术上的进步。房地产交易信息更准确，增值服务内容更多，房地产经纪人的服务态度更贴心。所有这些也反过来要求房地产经纪人接受职业化的训练，要求房地产经纪人队伍提高专业素养和服务品质。在这个基础上，房地产经纪人的收入也会逐步地提高。

房地产经纪人是城市居民在生活中最常接触的服务者之一，也是我们应该给予更多关注、加以理解和密切沟通的群体。由于工作特性，经纪人常年深耕社区，对小区环境、配套资源的了解不亚于居委会工作人员。

看明白中介套路，避开二手房买卖陷阱

提到中介，大部分人对其印象都不好，仿佛他们自带套路，其实这是一个被妖魔化的群体。在购买二手房时，买房者经常会有身陷交易陷阱的风险。为什么买卖二手房容易出问题呢？原因是，二手房交易的牵扯面更广、二手房的非标准化属性更强、可议价的空间更大、流程更复杂。

中介的价值可以体现在三个方面，这三个方面也正是买房者最容易掉入陷阱的地方——房子的选择，房价的谈判，买卖双方的匹配。这三个方面决定了中介的工作模式：为了成交一套房产，永远要找出很多套房产然后带买家看，每天打很多电话沟通买家和卖家的需求，最终在谈价格和成交阶段，负责“控节奏”。

随着未来新房越盖越少、越盖越远，很多人不可避免地考虑购买二手房。在此，我教给大家一个小技能——如何识别中介的看房伎俩，掌握主动权。

每一行有每一行的专业性，夹在买方和卖方之间的中介同样如此。中介做的是居间服务生意，他们自然需要熟悉房地产市场

变化和人性的弱点，从而利用这些方面促成房屋成交，提升自己的业绩。中介看房技巧可以概括为三个，分别是“带看套路五连招”“当中介说这些话时你要小心了”以及“带看所有环节中的终极大招——逼定”。

首先来说“带看套路五连招”。带看指中介带有意向的客户实地看房的过程。在所有环节中，中介最能够掌控节奏的部分便是带看，对他们来说这是整个买卖过程中最重要的一环。带看的节奏直接决定了中介能不能搞定这一单买卖。在找到很多令买房者心仪的房源后，中介带人看房不是一个简单的过程，有很多门道。

第一招，告诉买房者刚出了一套特别合适的房源，赶紧约定时间看房。到了房源，买房者却发现只是挂牌价合适，真正的交易价格可能比挂牌价高很多；或是马上到楼下的时候假装接到电话，然后告诉买房者这套房已经被卖，营造恐慌和遗憾的氛围，以便更容易推荐他最想卖出的那几套房。

第二招，中介带买房者看房的套数是有讲究的。你会发现，每次带看的房源数量不会太多，只有 2~3 套，这样既显示中介手中房源充足，又不致买房者眼花缭乱，影响做决定。

第三招，一般中介在第一站不会带你去看最好的房源。一般的带看节奏按照“中差好”的顺序进行，即先看一套比较普通的房源，再看一套买房者看不上的，最好的房源放在最后看。这样能够让买房者自己体验和对比，便对第三套房源更加青睐。

第四招，给客户打预防针，营造很多人都在抢房的错觉。在中介带看一套房源的时候，买房者经常会遇到其他中介也在带看的情况，这不全然是巧合，也许是中介刻意安排，为了给客户施加心理压力。

第五招，对一些极有可能签单的房源，中介会多带买房者在其周边多走几遍，从而让买房者发现该房源的更多优点。

其次，“当中介说这些话时你要小心了”，因为这些话别有用心。

（1）国庆（或春节、“两会”）后肯定涨价。

（2）限购、限贷马上就会取消。

（3）商住房的价格以后还会大涨，现在降价，就是因为以后要涨。

这三句话是中介经常使用的话术。越是绝对的话，越不要轻易相信，因为永远没有“肯定”涨价的房子。至于第三点，也不要被中介骗了，商住房在一二线城市的生命力几乎被扼杀，买了以后也很难转手。

最后，“带看所有环节中的终极大招——逼定”。

在带买房者看过房源并确定大致意向以后，中介就要使出“逼定”或“逼价”大招了。我大致研究过，不管买方出的价格是否高于卖方底价，中介一定会否定买方提出的价格。如果买方的价格远远低于卖方的价格，中介更得果断否定这个价格，让客户打消“价格越低越好”的念头。

如果买方出价接近目标价位，那中介一旦确定双方真的有意，就会迅速地收下定金，促成交易。中介的终极诉求其实很简单，既不是让房价足够低（否则卖家不同意），也不是让房价足够高（否则买方不同意），而是在一个比较合适的价位，让买方、卖方开心成交，拿到属于他的那笔丰厚佣金。

回想一下带你看房的中介，他们最常用的台词是不是“我们争取现在过去，房东一会儿有事要出去”“今天看房的人很多，有的客户快和房东谈好了，要求房东不再带人看房了，如果你不想错过这个机会，现在就赶紧来看房！”“谁最先交定金，房子就是谁的！”没错，其实他们在营造一种紧迫感。他们追求在最短时间内拿到交易所得的佣金。

而为了躲避中介，买卖双方有时选择私下交易，形成了中介口中的“跳单”，所以中介会对买方和卖方分别使用一些沟通技巧来防止这个现象的发生。其实，“跳单”之所以发生，本质上是买卖双方不认可中介服务，同时也没有法律约束“跳单”行为，所以无论是买卖双方还是中介，未来还有很多规范的空间。

大家有没有发现中介简直是熟谙心理学、营销学的销售大师？其实，销售任何东西都有其方法论。这里并非贬低中介，之所以对中介加以分析，是让买方、卖方更好地了解中介，从而舒心买房、卖房。

买二手房容易栽的大坑

买二手房显然比买新房要麻烦得多，不仅要费更多心思算账，还涉及更复杂的交易流程，一不小心会掉入一些陷阱，所以大家在提到买二手房时，多少有点“谈房色变”。

现在二手房交易量越来越大，所以买卖过程隐藏的大坑可一定要避开了！

第一，区别定金和订金。决定的“定”和订立的“订”，这两个字的含义截然不同。定金有法律效力，订金没有法律效力。

如果卖方收了定金之后违约，要双倍返还定金。如果卖方收了订金之后违约，只要把原来的订金全额返还，即可免责。定金一般不超过房子总价的 20%，而订金在大多数情况下可以依买卖方需求定额。

第二，买二手房必须进行资金监管。如果不做资金监管，卖家可能会在收到钱后不办理产权过户。资金监管的意义在于，只有当买方过完户时卖方才能拿到钱。

第三，当房屋属于违建或被抵押、政策变动导致买方购房资格丧失、卖方债务纠纷导致房屋被法院查封、共有产权人不同意出售等情况发生时，房屋将无法完成过户。

第四，二手房贷款按照房子的评估价值计算贷款额度，而不是简单地用总房价减去首付。那评估价值怎么算呢？楼盘位置、房屋朝向、所在楼层、房屋面积及建成的年代等都会影响到评估价值，几乎一套房子都有一个评估价值。商业贷款的评估价值一般是成交额的 80%~90%。

第五，二手房物业交割要求买卖双方在房子被腾空后同时到场；如果有租户，则也要一起到场，租户要结清水费、电费、煤气费等细账；买卖双方和租户还要商量好过户后租户搬家等细节。另外，卖方要结清物业费、卫生费、停车费等。如果房屋和户口挂钩，卖方还要把户口迁出。

第六，房价低于同区域均价很多的房子，一般是假房源。如果房源展示平台没有承诺对假房源进行审查，那么这样的平台往往会出现一些假房源。如果图片与房源信息对不上，比如户型展示的是 80 平方米的两居室，图片看着像 100 平方米的两居室，那么买房者就要注意房源信息的真假了。房源介绍不具体，关键信息不清晰的也叫假房源，比如说商办楼盘交易税费很高，但是不体现在房源平台的页面上。

第七，如果房子在买卖的时候带有租约，应该怎么处理呢？租户享有其租赁的房屋的优先购买权，在同等条件下租户可以优先购买业主的房屋。在这种情况下，如果还要购买带有租约的房子，买方一定要让房主出具租户亲笔签署的放弃优先购买权声明，以免未来产生纠纷。

第八，在买卖房屋期间，遇到自然灾害等不可抗力，此时买卖双方都不承担责任。后续举证时，如果违约的一方能够提供确切证据证明是不可抗力导致不能按约履行合同，可以不承担民事责任，但法律另有规定的除外。

第九，为避免卖方恶意隐瞒房屋情况，买方在购买前应该多方打探和调查房屋细节，越仔细越好，比如问问邻居和保安。如果房主因隐瞒房屋情况，最终给买方造成损失，那么卖方要做出赔偿。《中华人民共和国合同法》明确规定，当事人假借订立合同恶意磋商，故意隐瞒与订立合同有关的重要事实或提供虚假情况，违背诚实信用原则的行为，都应当承担损害赔偿责任。

第十，在一线城市，一些好房源的房主报价一夜上涨 100 万元也不是不可能，所以买方一定要提前明确违约责任和赔偿损失的计算方法，增加卖方的违约成本，防止其坐地起价。比如，在房价上涨、卖方违约可能性比较大的时候，买方可以先交纳定金并与卖方约定任何一方违约需赔付对方双倍定金，最好把定金定为总房价上限的 20%。

中介相争，买房者渔翁得利

一个高速发展的行业，其中往往酝酿着巨变。中介行业的商业模式也是如此。房地产中介正从并购模式转向加盟模式。并购是大鱼吃小鱼，过去几年链家等房地产中介公司使用这种策略，导致城市中的小型中介越来越少。加盟模式从2018年开始火了起来，链家等大型中介机构放弃并购，转而开放平台给中、小型中介机构，大家其乐融融。

中介行业的发展似乎和普通人没什么关系，但中介公司间的竞争，最终一定会作用在客户端，影响房地产客户的体验。这就像，谁也无法想象即时通信软件业的竞争催生了微信，而微信又如何改变中国人的生活。

中介行业的问题和痛点纷乱复杂——非标准化的大宗交易、高度依赖服务、单笔交易数额非常大、市场上中介公司鱼龙混杂。大型中介机构服务好但是中介费太高，小型中介便宜，但人们好像又不太敢用，还有一些互联网中介机构把自己描绘得天花乱坠，真正用这些平台的人没有几个。

在北上广等大城市，二手房的成交量逐渐超过了新房的成交量，所以以后买房者更多地和中介打交道，而不一定是开发商。在三四线城市，由于棚改计划推行和土地成交量的上升，新房唱主角。但长远来看，未来中国的楼市最终会进入存量房时代，二手房成交量将远远覆盖并超越新房成交量。

房地产中介市场的竞争越来越激烈。人们总是抱怨中介费用高，在北京中介费率为 2.7%，也就是说一套 1 000 万元的房子，中介费要 27 万元。究其原因，是加盟模式导致的。在加盟模式下，中介机构要负担房地产经纪人的工资、门店的租金。一家中介在一条街上开两三家门店来获取房源信息的情况屡见不鲜，但多开几家店，导致成本跟着翻了几倍。它们的成本从哪里来？从中介费中来。

如今，垄断竞争越来越走向死胡同，大型房地产中介没有那么多钱再去收购，于是加盟模式强势崛起。比如，链家在 2018 年启动加盟业务，表示愿意牺牲三年盈利实现扩张目标的德佑就是旗下的加盟品牌之一。以后，链家可能会和自己的加盟品牌德佑同时盘踞在同一条街的两边。

加盟模式下的德佑与链家形成业务上的细分，如果买房者很认可链家的品牌，但觉得链家的中介费太高，就可以尝试选择德佑。最终，买房者的选择更多了，同时能享受到加盟模式下的利好。

大规模开展加盟业务的不只链家公司，还有 21 世纪不动产。成立于 1971 年的 21 世纪不动产本来就是做加盟起家，但前几年市场高度垄断让它的生存空间越来越小。但是现在，这家来自美国的公司开始重新做大加盟业务。那些被大型房地产中介公司挤压了生存空间的小型中介选择加入这家公司求生，对抗大型中介（比如链家）施加的压力。

一般来说，同行竞争越激烈，对客户就越有利，而且它们打得越凶，越会制造出一种均衡的市场局面。打车市场、共享单车市场、外卖市场、电商市场都是鲜明的例子。

有人说，其他市场上有些公司通过恶性补贴最终还是实现了垄断，比如滴滴出行。可是现在呢？易到用车起死回生，美团在上海加入战局，滴答拼车摇身一变，改名滴答出行，也重回战场。新一轮竞争又开始了。如此看来，滴滴出行在打车市场的垄断其实没有持续太久。

房地产中介市场同打车市场一样，没有哪家公司可以真正做到垄断。房地产中介行业在“垄断—竞争—垄断—竞争”的周而复始中不断发展，买房者从而能够享受更好的中介服务。

11

租房

北漂租房到底贵不贵

在北京创业、生活、工作的外地人统称为北漂。北漂总是抱怨房租太高，但是大数据显示出来结果却是北京的整体房租不仅不高，甚至还下降了。

总体而言，与租房有关的问题主要集中在一线城市，而绝大部分二线及三四线城市基本不存在租不到房或租不起房的问题。房租作为房屋租赁市场供需关系的标志，其高低不仅关系到租客的财务负担，也关系到业主的出租意愿，更关系到租购并举政策下的市场供应体系建设。

链家的数据显示，过去5年，北京租赁市场的租金水平总体上涨。比如，2016年北京的平均租金水平达到每月每平方米69.2元，比2012年上涨26.6%。从月度数据来看，2013—2015年北京租金涨幅总体下降，从2016年开始租金涨幅扩大，至2016年底涨幅达到24%。这里既有基数低的原因，又有2016年整个房地产市场处于明显的上升期的原因。自2017年以来，租金涨幅快速回落。受房地产市场降温的影响，2018年租金涨幅进一步回落，租房价格甚至有所下降。所以即便在北京，房租也不是一路上涨。

北漂租房的租金成本呈现以下几个特点。

第一，租金涨幅远远低于房价涨幅。最近 5 年，北京二手房房价年均上涨 14.3%，租金涨幅比房价涨幅低 8.3 个百分点。从时间上看，租金的变动比房价更平稳。2015—2016 年房地产交易市场活跃时，房价涨幅远高于租金。2014 年下半年市场下行期间，房价跌幅大于租金。2016 年 5 月份之后，房价涨幅与租金涨幅持平。2017 年租金领先房价出现涨幅回落。目前房价涨幅比租金高 36 个百分点，也就是说房价上涨的速度远远比租金上涨的速度快。

第二，租金涨幅超过了 CPI（居民消费价格指数）。最近五年，北京 CPI 年均上涨 2.3%，租金年均上涨幅度比 CPI 高出 3.7 个百分点。

第三，租金涨幅低于居民收入。近五年，北京城镇居民人均可支配收入年均增长 9%，租金水平却只上涨了 6%。

第四，租金在个人收入中占比低。链家研究院经调查发现，目前北京租客的租金支出一般占个人收入的 25% 左右，远低于纽约、伦敦、东京、中国香港等租赁市场发展成熟的国际一线城市。租金收入低，租赁回报达不到预期，导致业主宁可空置房子，也不愿意租出去，专业房地产运营机构也面临赢利的困难。

随着租购并举政策的实施，北京租赁市场将更加成熟，未来租金水平有向发达国家的一线城市靠拢的可能。那么，哪些因素会影响租金价格的变动呢？

· 市场供求关系。2016 年北京常住人口为 2 173 万，其中外来人口为 807 万。按照当年常住人口的 30% 计算，租赁人口约为 652 万。以一户居住三人的标准计算，需要租赁房屋超过 200 万套，而目前可供租赁的房屋只有 150 万套，缺口大约为 50 万套。市场供不应求，是近几年北京平均租金水平上涨的主要因素。随着未来北京大量增加租赁供应，供不应求的矛盾将有所缓解。

· 居民的支付能力。与加杠杆购房不同，租赁市场缺乏金融化管理制度支持，租赁水平只能由居民的支付能力支撑。居民收入水平不断提高是租金水平能够不断上涨的条件。近年来，北京城镇居民可支配收入的增长速度放缓，不足以支持租金水平大幅上涨。

· 货币金融环境。作为居民消费支出的一项，租金也受到货币环境影响。资金的流动性越充裕，租金价格上涨越明显。未来货币供应量不加快，租金也将难以大幅上升。

· 房价涨跌的传导作用。房地产买卖市场与租赁市场的互补是客观存在的，当买卖市场火爆时，住转售（自住房进入交易市场）比例上升，租赁的供应量相应地减少，从而引起租金上涨；房地产买卖市场低迷时，可供出租的房子多，租金价格也相应稳定。数据最能说明问题，比如，2016 年北京二手房房价涨了 28%，同期租金同步上涨了 15.8%。

· 长租公寓等租赁市场产品升级，导致整体房租水平上涨。长租公寓普遍比散租公寓的品质好，同时租金价格高出 10%~20%。

北京的租赁市场有没有问题？当然有。最突出的问题是房源没有得到有效管理。在北京的 150 万套租赁房源中，超过 40% 掌握在二房东[①] 手里，这是一切乱象的根源。我认为，一线城市未来极有可能形成 2∶2∶6 的租赁市场基本格局——20% 的租赁供应来自开发商和政府；20% 的租赁来自存量住宅的更新改造，且后续由专业机构出租和管理；60% 的租赁供应来自存量房市场闲置的房源，这部分供应必须通过科学管理才能够提升其出租效率和服务水平。

在 2∶2∶6 的结构中，前 20% 是增量，后 80% 是存量。回到一开始的话题上来，目前租金的涨幅不高，北京的租赁市场未来还有相当大的上升空间。和其他国际一线城市相比，北漂的租赁成本低于国外租客的成本，但是北京的房价上涨速度是不输给它们的。

年轻的时候，我也过了很久的租房生活。后来，实现财务自由，才有了属于自己的房子。而现在房价这么高，年轻人想尽早实现财务自由，没那么简单。从大学毕业开始，哪怕北大、清华毕业的高才生，一个月有两三万元的工资，也很难在短期内在北京买下一套房，大多数人还是要先租房。北上广等一线城市的买房压力这么大，年轻人可以根据自身的需求和发展决定是否非在一线城市买房不可或者非留下不可，毕竟每个城市都有独特的发展优势。

租房是年轻人在特定阶段的必经之路。摆正心态，努力奋斗。

---

① 二房东指先从原房主手里租下整套房子，然后再以高于原租金的价格整体或分租给他人，继而从中牟利的人。——编者注

三个大姐的租房故事

只有中国年轻人买不起房吗？一份全球各地首次买房者平均年龄的调查显示，中国北京的青年以 27 岁荣登榜首，是世界上首次购房年龄最小的群体。英国、美国首次买房者的年龄在 35 岁，首次购房年龄最大的是德国和日本，在 41 岁左右。

中国年轻人天天抱怨买不起房，其实从全世界范围来看，大多数二三十岁的年轻人都买不起房。不是中国青年比其他国家的青年生活更辛苦，而是我们的观念出现了问题。在有能力买房前，大部分人要经历的一个过程是租房。租房一定是退而求其次的选择吗？这里我想分享三个大姐的故事。

第一个大姐是金星，我的好朋友。我很佩服她超越生命的极限、角色的极限，追求自我和自由的人生态度。也许很多人不知道，金星一直都在租房住。

我问过她：为什么要一直租房住，不买房？在很多人来看，金星应该并不缺钱，她的选择令人费解。金星告诉我，她有一点地主心态，想买永远只属于她一个人的房子和土地，但是这个愿望在中国不太可能实现。金星觉得生活品质是比房子更重要的事情，所以买房对她来说意义并不是那么大。追求生活品质和自由才是第一选择。买不买房，租多久的房子，一切顺势而为。

第二个大姐也是我的一个朋友，北京人。她之前在北京持有一套价值 1 000 万元的房子。在卖掉这套房子之后，她在洱海边买了一套 100 平方米的房子做投资，总价不到 100 万元。后来她又把这套房子换成了 200 平方米的房子。按 800 万元储蓄、年化收益率 6% 计算，她每年的理财收入为 50 万元，而每年只要花 20 万元租房，她就能住到位于一线城市最好地段的房子。

第三个也是一个北京大姐，既没有结婚也没有买房。她租的房子特别大，一租就是好几年，室内装修也很有艺术感。不同于别人租房时从这个小区换到那个小区，她一旦在租的房子里待不住的时候，就退租去往另一个城市，体验不同的租房生活。

租房和买房是两种截然不同的生活方式，二者可以进行比较吗？第二个大姐掌握了一些投资技巧，每年的理财收益不一定低于投资楼市的收益。租房让她生活得更自由、更舒适，称不上“退而求其次”。

买房问题现在之所以特别火热，除了关系到结婚等话题，还在于现在的房子不仅解决居住问题，也提供商品投资的空间。更不可忽视的是，我们对房子根深蒂固的情结也是相当重要的因素。三个大姐的选择颠覆了传统观念，和外国人的思路有点像。

年轻人租房，在纽约、洛杉矶乃至整个美国都不是问题，为什么在中国却变成了一个问题呢？有两个原因。一是社会竞争压力大。年轻人多在大城市漂着，外部世界的不确定性给了他们压力，因此希望在居住上获得物质方面的稳定感。尤其对一些女性来说，房子意味着更大的安全感。

二是中国的传统观念根深蒂固。在国外，租房和买房没有特别大的区别。在中国，很多人觉得租房没有安全感，没有家的感觉，这是当代年轻人在环境压力和传统思想的相互作用下形成的心理。从家长的角度来看，中国家长普遍认为父母与孩子的羁绊持续一生，他们对孩子生活的方方面面负有很大责任，包括帮他们置业、成家；美国家长则认为孩子在成年之后需要独立解决自己的问题，他们没有义务拿钱给孩子买房。

在中国，很多年轻人都是独生子女，有家长的金钱支持作为后盾，造成我国首次购房平均年龄提前，而且越提前，带给年轻人的压力越大。等到年轻人结婚，双方四位老人都会倾其所有帮助孩子买房安家。

选择买房还是租房，其实是在选择不同的人生。如果你喜欢稳定的生活，可以考虑买一套属于自己的房子；如果没那么着急，先租房再看一看也挺好。面对高昂的房价，政府也在想办法解决。随着一系列政策的到位，我相信这个问题可以得到妥善解决。但是，即使房价问题解决了，买房对于收入来源只有工资且工资水平不高的人群来说仍然是很大的挑战。买房关乎未来的生活方式和生活质量，大家需要仔细思量再做决定。

买房者虽然可能因为买房变成房奴，但最终持有固定资产；租房者要定期搬家，但也更自在。买房和租房都有得失，更重要的是你怎么利用有限的钱享受更好的居住品质，让自己更快乐、自在和幸福。

租购同权——多年媳妇熬成婆

中国人谈房色变，不只因为房价高，也和首次购房年龄太小有关，后者属于自己给自己增负。

一对年轻男女结婚买房，尽管双方四位老人拿多年积蓄作贴补，再加上两人的工资，好不容易付清了首付，仍然避免不了很多复杂的问题。房产证上写谁的名字？产权怎么分？离婚后房子怎么处理？所以，二三十岁的年轻人为什么不尝试租房这条路，等存够钱的时候再买房呢？这样你不仅能收获一份从容，还能树立一个科学的租房观：房子是租来的，生活不是。

不过还得承认，中国人急于买房，一方面是出于人们对土地占有的情结太深——只要想到房子，人们普遍认为 100% 产权肯定比 50% 的共有产权好，50% 的共有产权又比没有产权的租房生活好，另一方面是人们担心房价无休止地上涨。但是更深层次的原因可能是，中国房屋租赁市场没有形成科学体系，租房在大众的眼里并不被认为是一种极富尊严的生活方式，人们自然缺乏安全感。

租购同权政策为中国人的品质租房时代开了一个好头。有了政策加持，3~5 年以后，中国的租赁市场将会提供一批优质的租赁房。到那时候，租房的年轻人将享受到安全感与体面的生活。

从全国范围来看，租购同权政策在广州最快落地实施。广州规定，租户子女可以就近入学，租房者和买房者在公共服务上享有平等的权利。其他鼓励措施还包括：提高公积金的租房提取额度，有房一族出租房屋时在税收上也享受优惠，比如个人出租税费征收率从 5% 降到 1.5%，每月租金收入不超过 3 万元的可以按规定享受免征增值税的优惠政策。广州推行租购同权政策以后，全国都高度关注其实施情况。后来住建部和九个部委统一思路，决定在大中城市加速发展住宅租赁市场，并且将厦门等 12 个城市作为首批开展住房租赁试点的城市。

在前面讲到学区房的话题时，我提到过子女就近入学是大多数城市的租房者在过去无法享受的权利。虽然理论上租房者的子女可以就近入学，但是由于大城市的教育资源稀缺，供需矛盾十分紧张，在满足了有房一族的子女就近入学后，很难再保障租户子女的就近入学问题。

广州作为全国四大一线城市之一能迈出这一步，意义非凡。出租者和租房者的积极性都大大得到鼓励。这样一来，当买房者的钱不够支付房款时，他完全可以通过租赁这种方式解决居住和子女入学问题，尽管这对买房市场来说不是一个好消息，但在满足居住需求和提升幸福感方面，绝对是利好。

除投资因素外，推动当代人积极买房的一个重要驱动力是婚房。在租购同权政策实施后，这将在一定程度上降低一部分人买房的热情，引导他们逐渐接受租房的居住模式，进而缓解学区房价格上涨的压力。租购同权不仅会进一步稳定房价，也将从侧面推动中国人住房消费观念的转变。

自 2015 年以来，国家多次发布政策鼓励租赁市场发展，并且确定了租购并举战略。地方政府也纷纷跟进，不过落实到执行层面的城市甚少，具有重大变革意义的举措更不多。广州的租购同权政策将利好落到了实处，切实提升了人们的租房热情，推动了租赁市场的发展，也使公寓等规模化房屋租赁企业获得发展机会。

越来越多的开发商把长租公寓租赁业务作为下一阶段的发展目标。这是一条有利于丰富住宅市场的产品线，提供更多样化的住宅产品。但是这个政策也没有想象中那样具有颠覆性，因为它依然有积分等前提条件。这几年，其他城市其实也有类似的政策，只是对不同条件的买房者开放程度不一而已。

更重要的是，如果没有其他配套措施作为保障，租购同权政策存在着推高租金水平的风险。事实上，学区房被热炒不是因为可供购买的房子少。学区房房价过高的症结在于教育资源供给不足，使得学区房成为稀缺资源。解决这个问题的关键是通过市场化、民营化的机制释放教育的供给能力。寄希望于租购同权解决房价和子女教育问题的想法无疑非常美好，但是教育资源供给方面若不同时进行改革，解决这一问题的时间还会更漫长。

租购同权赋予了租房者子女同等的入学权利，但是并没有改变教育资源的稀缺性。学区房的价值虽然会有所下降，但学区房的租金却存在大幅上涨的风险。加上顺位排队等现实条件的存在，就那些热门的学校而言，租户子女可以拥有入学的资格却未必能够入学。

真正的租购同权应该是租金稳定的前提下的“同权”，应该是教育、医疗等公共服务资源平衡分布下的“同权”。国家在规定租购同权的同时，配套政策也应该跟上，从而保证租金稳定合理。一方面，培育和发展房屋租赁市场，鼓励专业租赁企业的发展，为市场提供更多的租赁房源，稳定房租水平。另一方面，加大教育投入，推动教育资源均衡化发展，缓解教育资源严重供不应求的矛盾，让租房者的子女真正实现就近入学，享受高品质的教育服务。

放眼世界，德国的房屋租赁市场之所以能够成为世界标杆，就在于德国不仅拥有完善的法律体系保障房东不能随意涨价或赶走租客，保障租客不随意破坏房屋，按时交纳房租，还有各种税收优惠、住房补贴支持房东、租客以及投资者，在政府层面引导教育、医疗等公共服务资源的平衡分布，完善相关制度的建设。

建立长效机制，是真正能够丰富租购同权政策内涵的有力保障。如果租购同权得到有效实施，租赁市场的发展将得到有力的政策支持，对于稳定租金水平、提升租金回报率也有很大的意义。

当马云开始惦记你怎么租房

马云不盖房子，却做了一件比盖房子更能撼动楼市的事情。2017年，杭州房管局、国土资源局联合公安、教育、规划、市场监督、人力资源保障等部门跟阿里巴巴集团签了一个约，签约主题是联手打造全国首个智慧住宅租赁监管服务平台，未来要把公租房，长租房，企业自持租赁房、中介代理租赁房通通纳入阿里平台管理。

马云的阿里巴巴集团开始分割住房租赁市场这块蛋糕，释放了什么信号？阿里巴巴做租房业务，会像做淘宝、天猫电商改变中国人的消费习惯一样改变我们的租房生活吗？

住建部希望先在杭州试点打造创新模式，进而再向全国推广。这件事的本质是，政府联合当地一线互联网企业，运用智慧和信用手段，试图使租房这件事情变得更可靠、更高效。

从技术层面来分析，这个平台的搭建将引入阿里巴巴人脸识别系统、淘宝评分体系和阿里云大数据，此外，阿里系的蚂蚁金服和芝麻信用也将与租房系统搭线。阿里巴巴开始全面推进信用租房的结果是，有人欢喜有人愁——守法的租客和房东越来越开心，一些在租房领域行为不规范的利益相关方，会感觉寸步难行。

在租房领域会受挫的人首先是黑中介、黑房东、黑租客，因为身份认证和人脸识别系统将让他们的不道德行为无处遁形。对每一个租过房子的人而言，最不堪回首的“被坑”经历一定包括押金要不回来或中途被房东赶走。房东也时常遇到一些拿假身份证租房、行为不规矩的租客。一些黑租客在退房时甚至还会偷走屋子里的一些家具家电。有了这套体系，无论是中介、房东还是租客，只要信用和行为有瑕疵，都会因为违反规则而遭到惩罚。换句话说，信用网络正在改变中国人的住房生活。

租客、房东乃至中介都应在一套相对完善的信用体系内完成商业闭环。谁没有信用，谁在租房过程中的行为有违规范，在杭州都会被该平台迅速拉入黑名单，这无疑是一种震慑。谁都不能再像以前那样利用租赁市场的不规范和漏洞获取不法利益。

假房源也会因此更难生存。多年以来，假房源很难被消灭是由中介机构的开单模式决定的。不少中介机构购买端口，依靠大量无效的、虚假的房源吸引租客上钩，再依靠话术和带看技巧让租客看到中介想要出租的房源。政府和企业同时出手，强强联合，核验房源，并且以后租房房源信息也要挂牌。

与此同时，端口网站的运营模式也会受到一些影响。那些假房源遍布的分类信息网站，在阿里巴巴和淘宝的巨大流量面前都会遇到分流。相比买房，一二线城市的租房业态也颇具市场规模。阿里巴巴出手以后，中介自营的房源网站和人们熟知的找房端口网站的运营格局都会发生很大变化，但是始终运营真房源的网站除外。

马云的跨界行为使得租赁服务的形态和模式同时发生改变。未来房东和租客或许可以使用电脑或者手机等移动设备，通过住房保障局或阿里巴巴提供的平台通道实现智慧网签，一方面极大地提升租房效率，另一方面优化个人的租房体验。蚂蚁金服的网上支付技术不仅可以实现租金、押金、佣金完全线上支付，还可以保障资金安全。

总之，自 2018 年以来，各地纷纷出台政策支持租房新政，比如北京进一步贯彻开发商拿地需保留一部分面积用于对外租赁的规定，上海则推出了很多只租不售地块，广州宣布实施租购同权，租房在中国房地产市场中的地位持续上升。

阿里巴巴作为中国互联网、科技、金融产业的前沿代表加入租赁平台的搭建，是用新手段解决租房领域老问题的有力举措。现实生活的很多例子生动地告诉我们，一个领域在经过互联网科技的洗礼后，往往会焕发新的生机，比如打车行业、共享单车行业和外卖行业。科技和互联网将给租房领域带来的新的可能性值得大家期待。

租房贷款靠不靠谱

买房可以贷款这件事情并不稀奇，毕竟总房款太高，很多买房者没办法一下子拿出这么多现金。在贷款买房变得越来越普遍的同时，中国也进入了租房贷款时代。对于普通人来说，上限可以达到100万元的租房贷究竟是不是一个合适的借贷方式呢?

乍一看，买房贷款和租房贷款的还款周期都有几十年，买房者起码还能落一套房子在手里；租房贷款每个月的还款额也不少，借款人最后却什么都落不到，不是一笔划算的生意。我认为，无论是从财务成本角度来看，还是从未来趋势的角度来看，这种想法都是误读。

租房贷款没有实物作为标的物，不代表它就是一桩亏本生意。深圳是国内最早推出个人租房贷款产品的城市。深圳第一位申请租房贷款的人，租了一套4居室，租期3年，每个月要还7 000元。听上去月供很高，但其实这套四居室的租金市场价比7 000元还要多，高达10 000元。每个月花10 000元在租房上，这笔开销的确不怎么低。在深圳这种年轻人流入量大、以奋斗为荣的城市，想必租金每年都会稳步上涨，并且涨幅还不小。

这位通过贷款方式租房的新深圳人，在签订贷款合同的同时，也锁定了这套房子的长期租住权，几年内他都不需要换房子，在居住体验上和买房的区别不大。租房合同往往还把几年内的涨价幅度锁定在有限的范围内，所以租房贷款非常适合偏爱长租的租客，并且省去了隔一年就要换房租住的麻烦以及一笔中介手续费。

退一步想，如果不使用租房贷款而是通过买房贷款买下这套4居室，月供有多少钱呢？按深圳的房价标准，买下这套房需要还的月供达3万多元。从财务成本角度来看，高下立判。从未来趋势来看，随着租赁市场的发展和成熟，租房贷款未来可能会越来越有市场，并且满足租客的各种租房支付需求。

租房贷款的产生，说明中国的住房租赁制度正在加速转变。未来的租房需求会随着金融等配套措施的跟进而加速增长，相应地，买房需求会快速触顶然后逐渐回落。

租房需求上升的趋势不可逆，金融政策也在往租赁崛起的方向引导。对于租房者而言，他们更加愿意租房；有房出租一族也有更合理、更科学的赢利方式。在不远的将来，银行这个角色将在租房领域和消费者越走越近，比如，银行扮演长租机构的角色，收购一部分房源（房源的产权还归开发商）然后通过贷款方式一次性买断这些房源几十年的居住权，再对外出租，靠租房贷款吸引客户，赚回租金。中国建设银行是第一个吃螃蟹的人，中国工商银行、中国农业银行还有其他不少银行也准备进入租赁市场，未来还将有更多与租房相关的金融产品和服务出现。

大家已经很熟悉信用卡分期消费的服务，信用卡分期支付房贷说不定也会成为现实。在理想的情况下，租房会像一个产品一样，大家不仅可以购买，也可以分期支付。

租房贷款能贷 100 万元是一个很好的信号，这意味着中国人关于房子的选择将不只是买得起房和买不起房。在租金看涨的未来，无论是从居住体验还是从经济角度来看，租房贷款都让人们越来越期待租房生活。甚至，如果租房的消费配套设施进一步发展，还有可能吸引一部分买房者推迟买房的计划，选择租房生活，进而缓解房价上涨的压力，这会是又一个利好。

预计到 2020 年，中国人租房结婚、租房奋斗、租房养老可能会成为普遍现象。

10 年租金堪比首付，为什么还要租房

到现在为止，大部分买房者都不清楚长租公寓和自持公寓的区别。在分析自持公寓到底值不值得租之前，我首先给大家科普两个定义——长租公寓是什么，自持公寓又是什么。在概念认知清晰的基础上，我们再从经济学角度做成本分析。

长租公寓专指兴建、改造、收购或租赁整幢楼宇或物理上集中的房屋，对房源统一装修，配备统一服务，将其作为公寓出租的模式。开发商比如万科、龙湖地产，创业公司比如小米YOU+(优家)、新派公寓，房地产中介机构比如链家自如、我爱我家相寓，连锁酒店集团比如华住集团，都可以选择以上的方式拿房，然后改造成长租公寓并出租。长租公寓的主要赢利方式是收取差价。

自持公寓则是这几年全国土地拍卖新规则的产物——开发商想要拿地，就必须配置相应平方米数的自持房面积。这几年开发商获取了不少自持地块，其产权所有者只能是开发商，而开发出来的产品既可以是长租公寓，也可以是自持公寓。由于拿地成本较高，一般开发商更倾向于开发非传统的租赁公寓，定制化、个性化更强一些。

万科作为中国房地产开发商的龙头代表，近几年在自持公寓方面推出的举措非常引人注目。作为第一个吃螃蟹的人，万科也引领了规则的制定。万科在北京海淀中关村软件园附近的自持公寓项目，主要有90平方米的三居室和180平方米以上的复式四居室两种户型；90平方米三居室的月租金为1.5万~1.8万元，180平方米以上的复式四居室的月租金为3万~4万元。万科鼓励长租模式，并且规定租客最长可租赁10年，期间租金不变，但要一次性付清全部租金。90平方米三居室的10年租金为180万元起。180平方米四居室的10年租金为360万元起。

长租公寓这个概念自2017年开始火起来，但从我的调研来看，目前大多数长租公寓项目很难做到真正意义上的长租——租客在签订租赁合同时，签一年是最普遍的，租约超过两年的寥寥可数。原因有二：一是大多数租客还没习惯把长期租住在同一套房子里当作一种生活方式；二是企业也不愿意将租金设为固定价格，失去灵活调整的机会。

万科的自持公寓项目真正做到了这一点，租期可以长达10年，但是人们的心理接受度还不够。政策已经表明，在北京这样的大城市实施租购并举、租购同权，鼓励长租公寓建设，而当长租公寓真正摆在租客面前时，他们却不认账了。

和传统的长租公寓靠差价赢利不同，自持公寓由于成本实在太高，需要通过设置个性化房源来实现盈利。万科之所以选择在北京市海淀区的一个互联网产业高度发达区域做大户型和超大户型项目，并且把月租金定在1.5万~4万元，自然有它的测算依据——当时，万科的拿地成本高达109亿元，做高端项目是必然。

其实，自持公寓未来可能成为租赁市场中的主流。虽然自持公寓的租金高，但在物业管理效率、托管周期、运营成本和资产配置策略等方面，比长租公寓更具优势。自持公寓也可以通过提供更好的居住体验和增值服务，从而获得较高的运营和增值收益。

在中国租售比例低的情况下，靠收取租金赚钱并不是好的赢利模式。长租公寓可以靠炒概念、收差价赢利，但是自持公寓不行。所以，未来的自持公寓可能会在运营端引入类似 REITs 的金融手段，从而在赢利逻辑上实现根本改变。目前，开发商都在尝试开发和营销新的租赁产品，但是中国社会的消费习惯和对租赁市场的预期，还远未与房地产租赁市场上提供的服务相匹配。

租赁崛起有利无弊

2017 年 8 月 21 日，国土资源部、住建部联合印发了《利用集体建设用地建设租赁房试点方案》。北京、上海、沈阳等 13 个城市成为政策试点城市。未来在这些城市，城市建设用地可以用来建设租赁房。这个政策彻底改变了租赁市场的供应规则，继而从源头上缓解住房供需矛盾，对于推动国家租购并举战略实施、解决人口净流入城市的租赁房供不应求等问题来说，也是一个角度新奇的解决方案。

集体建设用地用于建设租赁房，在一定程度上能解决当下许多城市因地价高、房价高造成的租售比过大、租赁投资回报过低等问题。想要建设租赁房的企业，未来能以较低的成本获得土地，从而降低进入租赁市场的门槛。这个政策也可以让租权形式更加灵活，让租赁市场的参与者主体更多样，让土地及房屋充分发挥其居住价值。

以后，农村集体建设用地不用经过国家征地环节，就能直接进入租赁市场，大大节约开发商的买地成本。一直以来，房价高的根源在于地价高，这一点也是未来推行自持公寓模式的重要障碍。如果集体建设用地可以进入租赁市场，那么获取土地的成本一下子就降下来了。土地成本下降，租金成本是否也会降低呢?

对于因城市化进程离开家乡的农民工和其他非城镇户籍的人口来说，他们闲置在家乡的土地有了更多价值兑现点——人虽然不在老家，但是自己拥有的集体建设用地可以创造收入。

如今农村土地实行“三权分置”，土地所有权归集体，承包权归农户，经营权归实际经营者。集体建设土地进入租赁市场，实际上是把经营权转让给了其他人，在转让经营权的同时，集体土地所有者可以获得一定的租金收益，甚至可以把未来可预期的收入拿去抵押，作为融资创业的资本。

不过，新政执行还有一些不太明朗的地方，比如集体土地所有者需要获得相应的使用对价，建设者、运营者也需要获得相应的权益，政府、集体、企业、个人之间的利益划分存在一定难度，这些细节还需要进一步完善和明确。

在责权划分方面，村镇可以自行开发运营，也可以采用联营入股的方式，但谁来提供土地、谁来盖房、谁来运营和管理等问题还需要在实践中摸索出更详细的可行方案。

在供应划分方面，让居住地和工作地保持在一定的通勤范围内，从而实现职住平衡这个需求，要求开发商更多地盘活产业集聚区的集体建设用地。

今后，在一个人口增量大的城市，租赁房的供应量也会越来越大，租赁流程会越来越科学合理，租赁的效益也会逐步提高。在租购同权政策实施以后，租赁市场的供应规划也会逐渐健全成熟。集体建设用地入市不是遥远的梦，农村集体建设用地流转，这些举动将大量增加租赁市场的土地供应。租金下降也是一个可预见的未来。未来新房开发会遇到来自租赁市场需求层面的挑战，价格上升的势头会受到一定的抑制。

12

装修与物业

精装修二三事

对买家来说，购买毛坯房还是精装修房是一个值得思考的问题。对开发商来说，建造毛坯房还是建造精装修房，同样也是一个值得探究的问题。

过去，政府从来没有强制要求新房要怎么盖、怎么卖。所以在很长时间里，精装修房交易在中国房地产市场处于自生自灭的状态。中国房地产市场化时间不长，1999年到2009年的十年间，精装修房开发在中国一直进程缓慢。供需双方（开发商和买房者）都存在认知不足，所以大多数时候开发商建造的是毛坯房，大家能买到的也只有毛坯房。

优秀的房地产民营企业似乎看得更长远，继而推动了精装修房的开发和发展。这些开发商为了提高产品竞争力，满足中低收入群体的居住要求，开始对精装修房房型进行探索。部分中低收入群体的主要诉求是尽快交房，领了钥匙就能入住，最好可以在装修上省下一笔钱。

在这种背景下，万科和其他一些率先行动起来的房地产企业，成为中国第一批专门为普通民众提供精装修房的开发商。万科一直以来的口号都是“盖普通人住得起的房子”。满足购房刚需，就是它们最重要的理念。

这些改变逐渐迎合市场，人们对精装修房的需求也慢慢被培养起来。毛坯房的一些缺点显而易见：本栋楼里只要有一家在装修，就会产生噪声问题；谁也无法把控各家各户在装修时，是否会私下改变建筑结构，造成安全隐患；施工队施工不当也极易引发邻里之间的矛盾；房主刚装修完却发现装修质量太差，也很伤神。

所有被毛坯房装修问题折磨过的人都曾备感困扰。如果开发商把装修的事情包揽下来，直接引入信得过的装修队把房子装修好，并且统一标准、集中交付，那么一切就省事多了。在交房的那一刻，一切装修工作都已完成，买卖双方都省心。

从成本角度来看，如果买房者买的是毛坯房，一般要花费 3~6 个月才能完成硬装，而装修预算一般会达到总房款的 10%~20%。如果你购买了一套价值 100 万元的房子，那么花 10万~20 万元用于装修比较合适。具体费用的比例大概是，卫生间和厨房的装修费用占预算的 45%，客厅占 35%，卧室占 20%。

如果买房者买的是精装修房，会比自己装修更省钱。开发商同时为几百套、上千套房子采购地砖、乳胶漆等装修材料，比买房者自己去家装市场砍价获得的折扣要低得多。更有趣的是，你知道现在国内最大的马桶采购商是谁吗？万科。数据显示，中国每卖出 10 个马桶，就有一个被万科买走做装修房了。所以，万科能谈下来的马桶单价可能是全国最低的。

最近几年，政府推出一系列政策引导开发商和买房者接受和适应精装修产业链。然而，政府并没有强制要求买房者购买精装修房，承担比较高的精装修成本。于是，在毛坯房和精装修房之间，慢慢衍生了一个中间产物——装修房。

2017 年 10 月，成都市人民政府发布《关于进一步加快推进我市成品住宅发展的实施意见》，要求到 2022 年，成都所有新开工的商品住宅和保障性住房对成品住宅的面积比例要达到 100%。成品住宅是装修房的代名词，最终交付时的房屋效果介于毛坯房和精装修房之间。

成都希望未来所有的房子在交房时，买房者能直接拎包入住。这种装修房可能只是墙壁“四白落地”，厨卫配套基本齐全，而非不管你需不需要，都配上吊顶、新风系统、智能家居。屋顶、地面、墙壁、基本的厨卫家具等是一套房子里必备的东西，只要符合交付标准，开发商即可交房。成品住宅的装修属于简单装修水平，对买房者来说，既省去了麻烦，又不必在总房款的基础上额外增加太多装修成本。

成品住宅不等于精装修房，精装修房是成品住宅的升级版本。如果买房者需要个性化的配置，可以在后期进行加装。就这样，成都把装修房的概念进一步推到了大众面前。成品住宅已经完全能满足基本的居住需求。精装修房、成品住宅的交付比例在中国会越来越高。我们不妨期待一下未来大部分的房子都可以实现快速入住。

我们离精装修房、装修房越来越近，其内在的推动力量来自开发商。一家房地产企业本来就要负责一个社区内几百套、上千套住宅的施工建造，如果按装修房或者精装修标准出售的话，在盖房的同时就可以集中采购装修材料。无论是简装、中端精装还是高端精装，由于可以大批量、规模化地采购、施工，开发商既可以提供升级的住宅产品，提高住宅产品的竞争力也可以以更低的价格采购所需材料和装修服务，获得装修工程的增值利润，这非常符合开发商的利益。但是，在这个过程中，开发商必须学会管控装修质量，避免因为质量和工艺不合格造成豆腐渣工程。做加法本来是好事，但是施工过程中的瑕疵太多，势必会砸了开发商的招牌，得不偿失。

不仅中国的买房者会抱怨精装修质量，世界上其他国家和地区的买房者也经常对装修房交付标准表示不满意。发达国家为了解决这问题，想出了很多方案。最近几年，为了解决这一问题，我国政府大力推进集成住宅，或者叫住宅工业化、住宅产业化的发展。现在，领先的开发商建造的都是装配式住宅，从建筑规划、现场施工到工程技术把控和后期装修，使用更科学的方式完成建房流程。这样一来，未来中国围绕装修问题产生的困扰会逐渐减少。

中国在建造集成住宅时借鉴了日本模式。日本的工业化非常发达，建造一套住宅所需的 70% 屋体以及部品、部件都在工厂里制造完成。他们的建筑工人在将这些零件运送到小区施工现场之后，只需要完成剩下 30% 的工作——把零件组装起来，房子就盖完了。相比之下，我们的住宅产业化率现在还比较低，只有不到 20% 的部品、部件在工厂里面完成生产制造，工人在现场要做的工作大概占 80%。

为什么说住宅产业化是大势所趋？如果建筑工人在小区施工现场只需要做少量工作，盖房子变成组装零件，那么你买一套房子，就像买一台电视机。电视机为什么很少出故障，因为它的零件都是高度标准化的（全部零件都严丝合缝，该平的地方平，该有棱角的有棱角），只要按照统一的方法组装起来就完成了。如果房屋的接口、管道等部位都能精准贴合，实现高度标准化建设，那么无论是毛坯房还是装修房，最终都能为买房者提供真正的“成品”体验。

我认为，未来中国的买房者不用再为精装修、毛坯房、成品房这些概念所困扰。当我们的工业化程度足够高时，我们最终能住进去的一定都是像艺术品一样的房子。

物业决定居住品质

仿佛要历经九九八十一难，买房者才能与真正心仪的房源相遇。其糟心程度可以用一句话来概括——没买过房的人不足以谈人生。但是在买房之后，真正关乎日后居住品质的环节才到来。

买过房的人都知道，入住后的居住幸福感和70%的投诉问题基本上都和物业相关，和开发商的关系不大，除非房子质量有问题。价格差不多的房子，如果物业管理水准不同，不仅代表着居住品质的差异，也直接关乎业主在下次交易时能把房子卖多少钱。好的物业服务，可以让二手房卖得更贵。

有人说，选物业公司是一个伪命题，因为买新房的时候物业公司已经确定了，买房者不能按照自己的意愿做选择。这就更加证明，在看房、选房的时候，买房者也应该把物业服务放到和房价、交通、位置、户型、配套资源等其他要素同样重要的位置。基于所购房产配套的物业公司水平的高低，买房者一般都对该楼盘的软性分数做出预判。

物业公司的职责主要有两个：一是通过对物业的维护，使得物业保值升值；二是通过提供物业管理服务，提升人居环境，提高业主的生活品质。物业公司的规范化和流程化管理，是小区品质以及业主生活品质最有力的保障。

如何选择物业公司呢？买房者要留意以下几点。

一是物业公司的资质等级。根据物业公司注册资金、物业管理人员的资质等级、物业管理项目等不同、物业管理企业分为一、二、三级。从业务范围来看，一级资质物业管理企业可以承接各种物业管理项目，二级资质物业管理企业可以承接30万平方米以下的住宅项目和8万平方米以下的非住宅项目的物业管理业务，三级资质物业管理企业可以承接20万平方米以下的住宅项目和5万平方米以下的非住宅项目的物业管理业务。

二是物业公司的品牌。品牌企业的标签通常很明显，根据需求选品牌物业公司，后续的居住品质才能有保障。除了一些大型开发商品牌，国内也有些纯物业品牌的物业公司，它们并不从事住宅开发业务，但是物业管理能力很强。物业公司的排名一般和客户满意度挂钩，选择客户满意度更高的物业公司，总是没错的。有一定品牌知名度的物业管理公司，也相应地具备一定的专业化水准。专业公司的运作程序非常规范，产品质量也经过国家或者国际标准认证，提供的服务细致到位。

三是物业公司的业绩。在初步选择了具有一定品牌知名度的物业管理公司之后，买房者对物业公司是否实至名归，还要进一步深入了解，比如你所选择的物业公司的管理规范到底有多大，曾管理过哪些物业项目，管理的水准和服务质量如何。这些指标都能体现物业公司的发展水平和管理能力。

四是物业公司的专业性。物业管理与人、房子、设备、小区运营有关，对专业性有极高的要求。专业的物业管理公司对市场和服务对象有着深入的了解与研究，建立了一整套的物业管理规章制度，处处都体现着专业化的运作方式。

五是物业公司的新花样。不同的物业公司各有千秋，服务的擅长点不同。有的物业公司在信息化方面做得非常到位，用一个App（应用程序）就可以搞定维修申请、物业费缴纳等问题。有的物业公司在小区进出系统、社区秩序维护等方面管理得特别到位。买房者可以按需选择。

如果买房者买的是二手房，那么如何在看房的时候迅速辨别该房源所在小区的物业管理水平呢？

一要看门卫和保安对陌生人的态度。通过观察门卫和保安对快递员、保姆等人员进出小区有没有不闻不问，业主的朋友进入小区有没有进行电话询问，以及中介带客户看房时需不需登记和刷卡，买房者基本能知道自己住进去以后，有哪些陌生人会在小区内出现。

二要看小区的公共区域。小区绿化带是不是修剪得比较整齐，小区的路面上能不能看见垃圾，小区水景里的水质是不是清洁、有没有异味和蚊虫，消防安全疏散通道是否顺畅、能不能保证无火灾安全隐患。这些虽然是小细节，但小细节反而最影响业主的心情和居住质量。

三要看建筑的外立面。买房者要观察一下小区楼房的外立面能不能看到明显的污渍、锈斑。在通常情况下，物业公司如果能每年清洁一次外立面，即使很少做外立面整修，也能让楼房表面看起来比较干净。楼房的外立面不仅代表房子的建造质量，也能代表物业公司对小区维护的用心程度。

四要看物业的反应速度。买房者可以打听一下小区所在物业的报修电话是否能保证 24 小时接听，以及紧急报修上门的流程如何。如果是一般的报修问题，物业能不能在 1 天或更短的时间内处理完毕。如果有业主投诉，物业在 3 天内处理完属于中等服务水平。

五要看安全防卫级别。买房者可以尝试在白天和晚上各在小区里兜一圈，看看能碰见保安巡逻几次，也要看看保安与业主的熟悉程度，以及小区围墙是不是都已安装防盗网、防爬刺等防盗设备，闭路监控镜头是否能保证 24 小时监视小区内的情况。这些都决定了小区业主被偷盗的概率。

六要看各种设备的使用状况。物业每年都要对大型机电设备进行保养维修，而且每月都要例行检查。另外，防盗门是不是能正常开合，楼宇对讲功能是不是正常，电梯内的按钮和灯具以及公共区域的灯具能不能正常使用；消防设备设施是否齐全、完好无损，能否确保随时启用。

一家优秀的物业公司应该设置标准化流程，规范管理，对硬件配备水平、人工维护频率、维护方式等做出明确规定。一旦出事，物业公司能够严格执行规则，迅速排查原因并快速做出反应，既是管理效率的一种体现，更是对一切侵害业主安全的可能设置了一道防火墙。

普通人的生活哲学可以是“尽人事、听天命”，但是物业公司不行。物业公司不能听天命，而要充分尽人事，其服务水平是对小区品质以及业主生活品质最有力的保障。

从杭州保姆纵火案看物业责任与价值

杭州保姆纵火案已经过去很久，这起刑事案件不单单让人反思人性的弱点，也暴露了一个关于物业管理的问题——物业管理的职责和价值到底在哪里。

据悉，2017 年 6 月 22 日，犯罪嫌疑人莫某晶在蓝色钱江公寓 2 幢 1 单元 1802 室放了一把大火，导致雇主家母子 4 人死亡。三个孩子分别只有 11 岁、9 岁和 6 岁。女主人对保姆莫某晶很好，让保姆开奔驰车买菜、接送孩子，生前还借给犯罪嫌疑人 10 万元帮她买车，但农夫与蛇的故事再一次上演。浙江省高级人民法院依法于 2018 年 6 月对莫某晶纵火、盗窃一案做出二审裁定：驳回上诉，维持死刑判决。

纵火案发生地是一幢面积达到 360 平方米、品质极高的豪宅。死者家属——男主人，公开控诉物业公司在事件发生时犯下的一连串错误，比如，小区巡逻几乎流于形式；保安阻止家属破门救人；防火警报似乎失灵，消防栓不出水，房屋建材不达标，导致火情蔓延过快，最终加速了母子 4 人的死亡。这次事件充分暴露了物业在关键时刻需要承担的责任和其真正价值所在。

为什么一家在中国驰名、以优质物业服务为标签的物业公司，依然没能阻止惨案发生，甚至成为“推波助澜”的“帮凶”之一？这个问题值得反思。

中国房地产市场化发展已有20多年，但这件事情的发生再一次证明，物业管理在中国发展的时间不长，且发展的水平不高。这一两年，中国不少房地产企业的物业领域被分拆出来，酝酿上市和资本运作，在“互联网+”化之后不断高喊社区服务、“最后一公里”，O2O等口号。但事实上，在最基础的保障业主生活舒适、安全层面，物业行业依然漏洞重重。

数据显示，截至目前，中国最出名、口碑最好的那几家物业公司，每年的主要收入来源依然是物业费，而不是所谓的增值服务。它们将精力放在提高管理面积、炒作概念上，而不是平均分配给保障最基础的生命、财产安全等方面。

物业公司必须坚持严格把控硬件细节。高压水龙头、自动消防喷头等消防设施，虽然平时用不上，在关键时刻却是救命神器。业主不一定关注得那么仔细，但物业公司务必须具备风险意识，每天排查这些硬件是否有故障。关于纵火案的新闻里说，在这栋大楼的其他楼层，有的消防栓前面堆满了杂物，如果火情蔓延到其他楼层，那势必造成更大的损失。物业需要多操心，哪怕在平凡的日子里提醒一句“请您不要把杂物堆在楼梯口和消防栓前，一旦失火，可能影响救援”，情况也许会有所不同。

行业的精细化发展也需要机制保障。负责蓝色钱江公寓的绿城物业对于在救援过程中是否导致不必要的延误，是否提供并定期维护了符合要求的消防设备，没有给出确定的答案。

另外，根据《2017年中国物业服务百强企业研究报告》，从发展潜力来看，未来5年全国基础物业管理市场规模约为1.2万亿元，物业管理行业将实现万亿级市场。物业和房地产开发行业都进入了大鱼吃小鱼、强者恒强的发展模式，未来大型物业公司管理的市场规模可能达到千万平方米甚至过亿平方米级别。

标准化流程很重要。同一家物业公司的高档小区管理体系设计水平远远超过中低档小区，或在这个城市做得好而在另一个城市做得很差，都不合理。物业公司已经开始享受品牌溢价，有差别的物业管理既是对业主的不忠诚、不负责，也有损于物业品牌价值。

据我了解，万科物业在不少小区实施了管家制度——每一栋楼都配备一个专属物业管家，业主有管家的手机号和微信号，可以24小时保持联系，沟通机制非常通畅。无论出现任何问题，业主都可以在第一时间找到管家，而管家背后连着的是物业公司庞大的管理系统和服务团队。如果暖气漏水了，管家帮忙分配维修工人；如果电梯坏了，管家会第一时间联系专业人员赶到现场维修。其实，物业管理信息化水平再高，物业人员为业主服务时依然要事无巨细。无论在任何时候，真心实意地急业主之所急，满足业主之所需，靠的还是基层物业员工的敬业态度。

最后，这个令人痛心的案件提醒物业公司，必须提前讨论事故可能发生的场景，商讨出通用规则，明确处理办法。比如，当消防队员为了救人，需要破坏一栋豪宅时，要遵循怎样的原则？有消息称，杭州纵火案发生时，物业人员曾阻拦消防队破门施救——大火在旁边烧着，他们竟然要去请示领导是否救火，这就很讽刺了。再比如，杭州纵火案中的报警器失灵，要靠人工提醒住户疏散。物业公司表示，低层的警报器探测不到高层的烟雾，因此不会发出警报。这样的报警器设置是否有漏洞？

物业公司联合消防队一起调研可能的火灾状况，商讨出解决方案，是对物业流程的优化，往大了说，也有利于完善中国消防抢救机制。

杭州保姆纵火案是一个值得深思的悲剧。中国的物业管理想成为新的赚钱产业，前方的路还有很长。

居委会、物业公司、业主委员会

住进一个小区后，买房者会和居委会、物业公司、业主委员会同时打交道。这三方很像一个游戏里的三个角色，彼此博弈。那么，政府和法律是怎么定义这三个机构的职能的呢？

居委会是政府基层政权的末梢组织单位，是街道的派出机构，类似于办事处。严格地说，它不属于政府机构，但是又采取了自治形式。居委会最主要的作用是收集、转达地区居民的生活需要，调节邻里纠纷，为居民提供生活服务。居委会同时具备一定的政府职能，经常和民警工作站、党务工作站互动。

物业公司专门提供小区专业服务。物业公司受雇于业主委员会。如果一个物业公司的服务质量不好、用户满意度差，那么它可以被换掉，但居委会是无法被替换的。

业主委员会，是小区业主通过业主大会选出的办事机构。它代表了业主的利益，是业主自发组成的自助集群，它的本质是一个管理机构。业主委员会可以传达业主的共同诉求，维护业主的集体利益。它单纯为本小区提供服务，有权力代表小区全体业主和物业公司签订合约和协议，约束和监督物业公司的工作和服务水平。

居委会、物业公司、业主委员会三者之间，不存在管理和被管理的关系。三者性质不同，职能不同，法律关系也不同，但它们之间形成一个合作、博弈、监督的交叉管理关系。

居委会和业主委员会之间是平行的，互不干扰。当业主和物业公司之间发生冲突的时候，居委会原则上可以不介入，业主委员会行使职能，和物业公司交涉或打官司。业主委员会可以聘请专业机构维权，有权与物业公司解除合约或更换物业公司。

物业公司和业主委员会则是雇佣和被雇佣的关系，但居委会在这段管理关系中并没有隐身。业主委员会应该积极配合居委会，依法履行自治管理职责，支持居委会开展工作，接受其指导和监督。

一个业主同时也是一个居民。业主委员会保障业主权利，居委会也保障居民权利。当居民与居委会沟通的时候，业主委员会不能干涉，也不应该妨碍居委会的正常工作。

业主委员会的成立是有条件的。一般来说，小区入住率达到50%以上，或首批物业费已经交满两年且小区入住率达到30%以上，才能酝酿成立业主委员会。

很多人经常把业主委员会和业主大会混淆。业主委员会是业主大会的子集，是由业主大会选举出来的，需要经过政府备案。业主委员会要对业主大会负责。如果业主委员会在选聘物业公司、费用使用管理等方面工作不力，无法代表业主利益，业主大会完全可以通过选举更换业主委员会成员，甚至解散现有业主委员会，成立新的业主委员会。

在一个社区里，物业公司看似和买房者互动最多，却是相比之下最弱势的群体，因为业主委员会有权解聘它。具体流程是：先召开业主大会，更换物业公司必须由全体业主共同决定，同意的人数要达到总人数的一半以上；然后制定物业管理招标书，并通知目前负责管理的物业公司重新选聘物业服务企业；邀标或公开招标，评标、答辩，以选出中标企业，将招标结果送居委会和房管局物业科及小区办备案；通知前物业公司交接相关事宜，通知小区办、居委会，配合新老物业公司进行档案、资料的交接，审计物业管理账目，做财务交接、设备交接等。新的物业公司开始工作，原来的物业公司离场。

居委会平时不显山不露水，但是，一旦业主之间产生矛盾，它就会出面。凡是涉及居民在社会生活和社会组织当中的一些权利和基本义务，居委会可以介入，提供帮助或者进行监督。从这个角度来看，居委会的权力在物业公司正常的管辖范围之外。

中国的社区跟国外有很大不同——西方国家没有居委会这一说，但业主委员会的权力非常大，甚至大到可以决定谁能在他们的社区里租房或买房。针对想来租房或买房的人，业主委员会制定了一套规则，保护社区已有的租户和业主的共同利益。业主委员会在使用公共维修基金、监督物业公司等方面通常会尽心尽力履职。在国外的社区，业主可能不认识自己的邻居，但不会不重视业主委员会，他们在生活的方方面面都能感觉到业主委员会的存在。

中国的业主委员会和国外的业主委员会在人员组成上也有些区别。国外加入业主委员会的居民往往带有金领等社会标签，比如律师、会计师，他们实际上是用业余时间以公益的方式帮助业主委员会完成工作。中国对社区公共权利的维系观念比较淡薄，大部分居民对业主委员会的定义不了解，觉得自己又不拿工资何必多事。即便小区业主委员会成立起来，其地位也比较弱。这也是中国社区矛盾频发但往往得不到妥善解决的根本原因。

中国社会在向前发展，业主委员会的作用会越来越凸显。我们的社会呼唤法制和契约精神。业主委员会与物业公司，正是通过契约来约定彼此的权利、义务，从而推动物业公司更有动力和能力提升物业服务水准，使我们的居住环境日益得到改善。

如果中国人居住在社区里的生活质量提高，邻里关系也会更和谐。这样一个互助、互谅、互爱的社区，会给我们的居住体验带来更大的提升，无论是对于买房者还是租房者来说。

小区拆墙：墙倒了就是路

2016 年 2 月，《中共中央国务院关于进一步加强城市规划建设管理工作的若干意见》印发，明确指出：我国新建住宅要推广街区制，原则上不再建设封闭住宅小区，已建成的住宅小区和单位大院要逐步打开。

一石激起千层浪，这立刻成为网上的热议话题，好像每个人对此都有话要说。大家关注这件事情，可能有两个原因。

第一个原因是，我们每个人都在一个封闭的社区里生活了很久，已经非常习惯。这堵围墙似乎带给我们很多东西，比如被包围的安全感和优越感。一些高档社区的名字里加入了“庄园”“世家”之类的字眼，甚至还有很多社区冠以国外豪宅的名字，这让围墙内的业主和围墙外的路人、小贩形成了鲜明的身份差异。

另一个原因是，社区的围墙带来了特别的绿化园林空间，业主可以让自己的孩子在这里自由奔跑、玩耍，而不用担心会有外面的车突然闯进来，或者有陌生人进入小区、拐走孩子。

这一切熟悉的生活场景，无论是好的还是不好的，我们都没有觉得是一种障碍。这时候，中央发布了《中共中央国务院关于进一步加强城市规划建设管理工作的若干意见》，我们不由得思考这件事对生活产生的影响。

这份文件非常明确地表示，今后不允许再建封闭社区，而且，已经建成的封闭社区和机关大院，也要逐步拆除围墙，让内部道路公共化。这本身是一件好事，却引起了非常多的争论。争论的焦点除了刚才提到的人们的既有习惯、围墙带来的安全感和优越感之外，还有另外三点。

第一点，法律问题。改革开放 40 多年来，特别是房地产市场化 20 多年来，每一个住宅社区都按照原有的规划要求、土地出让规则和《物权法》的规定，赋予了每一个业主共同拥有该社区的私权，该社区的道路、绿化、公共设施、物业用房等都属于社区业主。在未来要拆除社区围墙的时候，“业主私权”和“公共利益”之间就出现了法律上的矛盾。而且这个矛盾和每个业主都有关，所以就变成了一个普遍的社会问题。

我们生活中也有很多类似的问题：当政府站在公共利益的角度出台一些政策，以提供更好的公共服务时，往往会和某些群体的私权产生冲突。在一个成熟的市场经济环境和开放的社会中，这是屡见不鲜的公共管理问题。

这个矛盾在司法实践中将会得到怎样的解决？究竟是修改一部分法规，还是通过一些技术手段实现变通？这些问题都还在讨论中，而且当下的讨论非常有意义，我们讨论得越透彻，越能够在个体私权和未来政策之间找到一个平衡点。

第二点，实践问题，即如何落实开放式社区。

未来要全面建设开放式的新社区，问题不大。社区道路和公共道路衔接之后，带给大家的是更便捷的交通条件；而且政府未来审批新的住宅开发项目时，一定会更多地从公共利益的角度考虑城市规划。

那么对已经建成的传统社区，我们该怎么解决“开放”的问题呢？通过实践，我发现了一种解决方法。

我在过去20多年的房地产项目实践中，只遇到两个没有围墙的项目。一个在台北，一个在北京。《中共中央国务院关于进一步加强城市规划建设管理工作的若干意见》的出台，让我重新审视了北京的这个社区——新城国际。这个没有围墙的社区，现在是北京最好的、最国际化的住宅社区之一，房价的保值增值也最稳定、最有潜力。它位于北京国贸商圈人口密度最高的核心地带，占地15公顷，共有2 000户。

为什么在这个社区中，没有产生今天大家担忧的矛盾呢？首先，小区业主公摊社区资源的原则没有变，比如道路、绿化等公共设施，仍然属于业主。其次，当初在规划这个社区的时候，我们就采取了开放的方式，每一个来买房的人，在签约之前就能看见开放的社区格局。他们在签约的同时，也就等于认可了其他人使用小区道路的权利。

北京新城国际从建成（2002年）到现在已经将近20年了，一直都保持开放的状态，老业主没有提出异议，从小区道路穿过的人也丝毫没有感觉和社区内的人有任何矛盾。

这个开放式社区格局，由香港王董设计事务所设计：4个小圆圈，套上4个大圆圈，由一条干线从中间串起来。我认为这是目前北京社区中最合理、最便捷的一种规划方式。4个小圆圈相对封闭，孩子们可以在里面玩耍，比较安全。每个小圆圈外面又套着大圆圈，中间的道路行人可以通过，汽车也可以行驶，而且每个业主都可以直接在自家门口上下车。这比封闭的社区要好得多。

这种道路规划还不容易造成堵车，因为四个大圆圈是开放的，中间这条主干线也是开放的。这个社区通过圆形的交通系统，和外部现有的城市公共汽车道路连接起来，同时又用一些绿化带做了隔离。这种规划方式，让整个社区和城市之间没有障碍，住在里面的人也不会产生封闭的感觉，在一定程度上消除了城市各阶层之间的隔阂。

在安全方面，这种规划方式也获得了客户的肯定。我们公司做的另一个差不多价格和档次的封闭式社区偶有发生恶性偷盗案件，甚至还有极个别情节严重的刑事案件，而这个开放的“新城国际”社区从来没有发生过类似的事情。

从物业管理的角度来看，新城国际遵守了现有的法律法规，其业主享有的社区权利和其他封闭社区的业主没什么不同。只是对物业来说，担负的责任更重，管理的范围更广，不仅包括和公共交通连通的社区道路，也包括社区绿化、社区中的公共雕塑，还包括非本社区人员的安全管理。

《中共中央国务院关于进一步加强城市规划建设管理工作的若干意见》提出，“把围墙拆掉”能把社区道路变成城市毛细血管式的道路，这样一来，道路变窄、路网变密，这和解决城市交通拥堵问题的努力方向完全一致。所以，即使不修改现有的法律法规，只要能够按照新城国际过去10多年的实践经验来处理，仍然可以有效地拆掉未来很多新社区的围墙。

当然，我们也可以参考这个方法，逐步拆掉旧社区封闭院落的围墙，重新界定业主的权利，和物业公司一起讨论一些可能出现的问题和应对方案。

除了法律问题、实践问题之外，还有第三点——社会心理问题。改革开放以来，我们的思想、文化、生活都越来越开放。我们到世界各地去旅游、学习、进行商业贸易，但是回过头来看我们的居住环境，越来越封闭，围墙、铁栅栏越来越多，门窗上的保护网越来越密，站岗的保安越来越多，我们的不安全感却越来越强烈。这也恰好说明，我们在适应高度开放的市场经济环境、享受物质财富的同时，也在强化自我封闭的观念。

拆掉围墙，能让我们的私权和公共利益更好地对话，让我们在满足个人需要的同时，更多地照顾到大众的利益。这其实也是在社会演进过程中积蓄正能量的重要步骤。

在安徽黟县唐越古村落中，胡同和胡同的转角处都会被切成45°角，如果是直角的墙角，从两边小巷里走过来的人会因为看不见对方而发生碰撞；如果是45°角，双方就可以提前避让。所以，在这个胡同上面有几个字格外显眼，“退一步，天地宽”。春节联欢晚会也讲过“六尺巷”的故事，“让它三尺又何妨？”在城市化过程中，建筑和道路规划上的细节，都会传达一种互相关照、互相谦让的观念，展示出我们对未来理想城市的追求，对社会生活中人际关系的期待。

关于围墙的讨论还会持续，我支持这次党中央国务院关于社区规划的要求，也特别期待未来新建设的社区以及现有的社区能够拆掉围墙，变得更加开放，让更多的关爱、美景和阳光投射到我们的生活中来。

13

城市与房价

北京楼市新秩序

从北京先后将各类政策新房转为共有产权房这个动作，我们可以看出政府对市场走向的预期：产权是不是个人100%占有不再那么重要，更重要的是保证刚需群体有房可住。

北京的保障性商品房市场迎来了一次大整改。第一个标志是，已经入市但尚未销售的10万套自住型商品房，加上未来即将完成分配的自住型商品房，全部转换产权性质，变成共有产权房。第二个标志是，有一批限竞房也会被转为共有产权房。限竞房是北京楼市特有的产物，它以限房价、竞地价的土地出让方式决定土地花落谁家。继传出北京将出台商品住宅销售公开摇号政策之后，相关部门正在酝酿针对限竞房的新政策，有意将限竞房与共有产权房挂钩。

从2017年开始，北京绝大多数住宅类用地都采取了这种限房价、竞地价的竞拍方法，也就是说，这批新房的最高售价和销售均价都已明确规定好。这种做法既避免了土地市场因为土地热而出现恐慌，也稳定了预期，为买房者提供了价格保障。限竞房是2018年、2019年北京楼市供应的主力，面积合计超过

450 万平方米，能提供 5 万套左右的住宅。这种趋势将持续两年左右。

按照共有产权房的规则，房子的投资属性被彻底抑制，变成纯政策性房源，投资空间几乎不存在。买房者拿到房产证 5 年之内不能售卖自住房，5 年之后增值部分的 30% 要上交。正常的商品房可以用来投资套利，一旦转为共有产权房，就只能在共有产权房的池子里打转，很难实现再投资或者炒房的目的。

这些都体现了保障居住和抑制炒房的思路，和十九大精神高度统一。在市场端、政策端继续践行共有产权房的思路，最终会带来以下几个结果。

· 炒房客在严苛的规则反向压制下逃离选房队伍，真正匹配的住房需求进入共有产权房的池子里，充分保障相关人士的居住权利。

· 无论是前几年未开盘的新房还是二手房，商品房的地位和优势都将继续强化。购买商品房的代价或许高一点，但它的确是不受政策性限制、自由流通、随市场需求的变化而升值或贬值的产品。对于北京这种投资人才和资源永远高度集中的地方来讲，商品房永远有投资和升值的空间，而且走了一批，又会有新的一批人来接盘，这也是未来北京楼市二手房市场成交量和换手率势必远远超过新房市场的原因。

北京楼市的格局已经发生改变，大家要及时转变购房思路。全国楼市调控的节奏再猛烈，大势房价或涨或跌，北京这个中国最特殊楼市里的小气候变化，都仍然值得研究。

环京买房要慎重

在考虑环北京楼市之前，大家必须对京津冀楼市有一个充分且准确的整体认识，才能够看清环京楼市是否值得投资。房地产调控导致环京楼市的价格下降通道自然打开。尽管环京楼市以北京为坐标系，但是环京地区房价下降与北京房价下降的逻辑不一样。

环京楼市的房价从 2018 年年初开始大跌，比如在距离雄安新区 40 多公里的霸州，某楼盘最低单价降到了 8 500 元 / 平方米，但在前一年它的售价可是 2 万元 / 平方米。环京地区的房价溃败是全方位的，在燕郊北三县，不少楼盘的房价跌幅达到 40% 以上。人们不禁要问这到底怎么回事，我觉得出现这种局面并不奇怪。

无论是选择自住还是投资的炒房客，一直对环京地区的楼市寄予厚望，但是他们忘了一件事——环京地区在地理位置上相当于三四线城市，而在房价上绝对属于准一线城市。

同样是调控降价，北京在楼市泡沫破掉后呈现出一种健康科学的、缓慢的房价下跌趋势。我们要知道，在楼市调控前的最后那些天，北京的二手房市场甚至到了总房款一夜上涨几十万元的地步。很多人疯狂进场，恐慌效应弥漫全京，一套位于五环以外的小户型二手房卖到了 7 万元 / 平方米的价格。经过几年的调控，北京的二手房房价降了 15%，进一步回归理性和合理的价值区间。

环京地区楼市降价的原因是炒房客在逃离，以及政策又限制了新的投机客进场。环京地区的楼市泡沫一触即破，且价值支撑较弱，自然溃败得更快。

虽然有京津冀一体化的利好，环北京的高速铁路网络也处于建设之中，产城融合[①]和大量投资均使环京地区迈入历史上最好的发展时期，但由于人才厚度和强效产业发展还没有跟上，它的居住人口集聚力实际上还很微弱，房价水平也不稳定。

燕郊的一些热点房地产项目此前卖到 3 万元 / 平方米，但从产业、人口以及经济发展水平来看，燕郊的确支撑不起这个价格。这个价格甚至一度超过了杭州房价，但是燕郊地区的发展水平怎么可能跟杭州相比？选择接受这个房价的更多的是无力在北京置业，退而求其次的刚需人群，以及看好该地区房价的投资客。泡沫易破，繁荣也易逝。

了解到这一点之后我们就应该明白，即使环京地区的楼市曾经达到了非常高的价格水平，实际上也只不过是一个荷尔蒙

---

① 产城融合指产业与城市融合发展，以城市为基础，承载产业空间和发展产业经济，以产业为保障，驱动城市更新和完善服务配套，进一步提升土地价值，以达到产业、城市、人持续发展的模式。——编者注

爆发或“打鸡血”的过程，泡沫很快就会破裂。这也是今天大家看到的环京地区房价大幅下降的真正原因。如果仍想投资，我们必须把握好房价的上涨和下行区间，在下行区间进场，在上涨区间脱手，不要错选了时机。

之前有很多人买了位于固安等环京县市的房子，等着在2017年和2018年大赚一笔，结果却出不了手，被牢牢套住。现在不少环京县市也相继出台限购政策，更没有人愿意接盘了，而且房价还在下降中。

从环京地区的房地产市场发展现状来看，我们也要明确，这个市场和全国的其他市场还真不一样，也不完全代表三四线城市房地产市场的发展趋势。它的特别之处在于和北京楼市投资需求的外溢密切相关。2011年以后，越来越严格的限购政策，配合北京的房价上涨，使北京出现了一批有房屋投资意愿但无本地投资资格的潜在买家，其中有相当数量的人涌入了环京地区。

判断未来环京地区楼市的走向时，我们还应该结合北京的发展和京津冀一体化（特别是雄安新区）来看。当北京的楼市升温，环京地区的楼市大概率也会跟着发展。当北京楼市降温，那么这个“黄金地区”的房价大概率会稳下来。

在我看来，这次环京地区楼市表现下行的问题还会持续一段时间。所以无论是买房者，还是房地产企业，都应当降低对这一特殊市场的依赖性。理性去库存，进行结构调整仍是首要任务。虽然会给房地产市场带来一些阵痛，但这也是一种理性的选择。

天津这样的落户热门城市，何时进入不吃亏

二线城市“抢人”已经不是新鲜事，但天津作为四大直辖市之一，零门槛抢人落户还是足以成为最热的头条。

天津于 2018 年 5 月推出“海河英才”计划引进各类人才。当地政府大幅度放宽人才落户条件，简化落户办理程序，并且规定人才可自主选择落户地点。之前天津实施积分落户政策，一方面门槛比较高，另一方面手续比较复杂（有本科学历的人需要在当地缴纳半年社保、并提供相关证明等）。“海河英才”计划的重磅在于：本科生不超过 40 岁，研究生不超过 45 岁；博士不受年龄限制，随时可以在天津落户；本科及以下学历、高等职业学校毕业生在天津工作满一年，或者中等职业院校在天津工作满三年；具有高等职业资格，不超过 35 岁；具有技师资格，不超过 40 岁；具有高等技师资格，不超过 50 岁，都可以直接在天津落户；如果创办企业一年，个人累计纳税 10 万元也可以在天津落户；副高职称，精算师、会计师、律师、建筑师都可以直接落户，并且不受年龄限制。以上所有条件都不涉及缴纳社保的要求，也不要求提供任何居住证明，几乎是零门槛落户。

天津户口的价值到底有多大？作为四大直辖市中的北方经济中心，其离北京仅有 30 分钟的高铁车程，再加上高考升学率优势和丰富的医疗条件，天津早已成为不少北漂的次优落户选择。

户口往往和楼市挂钩，天津落户政策后续可能给楼市带来无穷大的影响。和北京的高房价相比，天津的房价还是比较合适的。新引进的高层次人才在天津市购买首套自住房时不限购，打破了对社保、公积金缴纳时间的限制，这是一条重磅利好。

在不考虑政策影响的情况下，天津楼市即将进入快速跃升阶段。之前就有很多人自己花钱找关系在天津办理积分落户，想尽办法买房，为以后子女升学铺路。落户的人多了，买房的人也就多了，原本平淡的市场被这么一搅动，房价将出现一定的上涨是可以肯定的事。

我们可以明确一个结论——天津的二手房房价首先会涨，并快速出现联动反应。判断依据是，二手房市场自主定价，供求关系对房价的影响反应敏锐。关于天津新房房价，我认为未来有两种可能。

第一种可能，政府先挽救楼市新政后低迷的天津楼市，大幅释放入市供应量，在量价齐升的情况好转以后，政府再次因楼市过热调控新房市场，然后新房又会面临限价，投资回报随之减少。所以，如果你马上加入买房的队伍，一定会过于草率的投资决定而遭受损失。稳稳当当，慢慢选、细细看，毕竟大趋势是确定的。

第二种可能，政府小幅放水，大面继续压制、限价，并且靠压制预售价格来控制开盘项目的数量。大量需求堆在楼市门口，新房市场又不容易进，将导致很多人跑去抢购二手房，从而造成二手房房价继续快速上涨。

这两种走向很快会露出苗头：如果新房入市量快速上升，就会变成第一种可能，如果新房市场不快速放量，就是第二种可能。

可以确定的是，之前被雄安新区抢去的城市发展风头，天津这次依靠零门槛落户又抢了回来。只是从长远来看，天津还需要通过内生发展提升当地经济发展的活力和经济增长的动力。经济复苏后，人才自然而然会在此越来越集聚。人才到来不难，难的是人才来了以后能真正留下来就业、安居、融入城市生活。只有人才真正留下来了，天津的楼市才能真正复苏，否则也只是引来了一批“影子户口”，而非能在天津“生根发芽”的人才。

只要城市有活力，不怕人才不来。城市和人才之间、人才和经济之间、经济和生活之间，需要呈现良性螺旋式共生、发展和互动。这是中国非一线城市未来楼市发展的希望所在，当然也是天津最大的希望所在。

大连加入限购的意义

2018 年 3 月底，“两会”结束，所有人都在等着预测房地产市场走势。就在这时，大连市人民政府办公厅发布《关于促进我市房地产市场平稳健康发展的通知》，表示大连也加入限购的队伍。大连加入限购有什么指导意义和价值呢？

《关于促进我市房地产市场平稳健康发展的通知》的目的是满足首套刚需、支持住房改善、抑制投资投机行为。该通知规定：

1. 实行住房限购政策。本市户籍居民家庭（含部分家庭成员为本市户籍居民的家庭）在中山区、西岗区、沙河口区、甘井子区及高新园区（以下简称为中心城区）拥有2套及以上住房的，暂停向其销售中山区、西岗区、沙河口区及高新园区（以下简称限购区域）的住房。非本市户籍居民家庭在本市中心城区拥有1套及以上住房的，暂停向其销售限制区域的住房。非本市户籍居民家庭在中心城区没有住房的，在限制区域可购买1套住房……

2. 严格新购住房上市交易。凡在限制区域内新购买住房的，需取得《不动产权证书》满2年方可上市交易（责任单位：市国土房屋局）。

3. 实施差别化住房信贷政策。中心城区单人住房公积金最高贷款额度由45万元下调至40万元。家庭购买第二套住房办理个人住房公积金贷款的，首付款比例不得低于60%，贷款利率执行同期个人住房公积金贷款基准利率的1.1倍；对购买第三套及以上住房停止发放住房公积金个人住房贷款。在限制区域内，申请商业性个人住房贷款购买首套住房的居民家庭，最低首付款比例为30%；已拥有1套住房的居民家庭，为改善居住条件再次申请商业性个人住房贷款购买住房，最低首付款比例为40%。

贷款利率按照银行相关规定执行。

和北京累计 5 年纳税社保获得购房资格类似，大连的最新政策是购房申请之日起前 2 年内在大连市连续缴纳 12 个月及以上个人所得税或社会保险，补缴不算。

据此，我得出以下几个结论：

· 大连限购意味着之前未进行楼市调控的城市随着周期变化，可能会根据去库存情况，随时加入调控行列。也就是说，如果这些城市呈现楼市“过热”局面，或去库存任务基本完成，便会收紧楼市。之前房价快速上涨和消化存量房的三四线城市的楼市有被限制的风险，投资者需要注意。投资收益上升了，后面紧随的可能是“大棒”。

· 大连加入调控行列意味着，作为东三省代表的大连楼市度过了最艰难时期，现在有底气进行限购和维持房地产市场平稳、健康的发展态势，一定程度上还证明大连房地产市场复苏了。

· 每次楼市调控趋严的时候，“购房资格限制”和“信贷收紧”都会并行。大连同样用两条腿走路，证明现行调控不是伪调控而是真调控。只限制购房资格和套数的效果往往还不够。严格的信贷政策会大大提升购房成本，挤压楼市泡沫和投机行为。从长远的角度来看，这对大连是好事情。目前，不少二线城市已经出现首套房利率上浮 20% 甚至更高的情况。

· 大连的楼市调控显现出差别化，从“因城施策”升级为“因区施策”。大连及一些城市在进行楼市调控时，为了实现均衡房地产市场发展与防范房价过快上涨的目标，根据不同区域的市场热度采取了差别化的调控措施。这将成为未来楼市差别化调控的主流方向。

综合来看，坚持房地产调控目标不动摇的力度不会放松，大连限购意味着全国还将持续完善差异化的调控政策体系。

惦记丹东楼市的人醒一醒

当人们手头钱多的时候，但凡听到一点风声，就想着投资，而最直接的投资方法就是买房。丹东楼市就是这么火起来的。

丹东是位于辽宁东南部的一个地级市，东与朝鲜的新义州隔江相望，南临黄海，西界鞍山，西南与大连毗邻，北与本溪接壤。朝鲜领导人金正恩宣布推进朝鲜改革开放，不再进行核试验，于是离朝鲜很近的丹东就被人们判断为一个值得炒房的地方了。

2018 年 5 月，丹东市不动产登记中心发布通知称：“五一”小长假期间，丹东迎来了大量看房客。一般该中心每天只能办理 260 件不动产登记业务，以前的业务量从未达到过上限，但现在工作人员忙不过来了，必须发号让办理者排队。这简直和在北京、上海房产预约过户是一个待遇了。

朝鲜领导人金正恩首次访华时没有乘坐飞机，而是选择乘坐装甲列车，列车越过国境线的第一站就是丹东，从那以后丹东的房价就已经开始上涨。数据显示，在短短几个月内，丹东的房价上涨了 20%。

丹东是又一个典型的被中国人炒房炒热的城市，而且其位置之偏、城市发展水平之低、房价上涨原因之奇超越了全国很多城市。我给出以下结论，仅供大家参考：

朝鲜宣布改革开放也好，以后不进行核试验也罢，自然是天大的好消息。特别是对于在丹东生活的人来说，居住环境更安全，战争爆发的可能性降低。中国和朝鲜两国关系和睦、互通、互联，也会惠及丹东。这些利好更多是对当地人而言的。如果丹东当地或距离不远的市民看中该城市的未来发展，带动楼市成交量上涨、换手率上升、房价回暖，是可以理解的，也在正常的投资范围之内。

但是数据显示，丹东这一轮的楼市成交量不完全来自丹东市民。除了从东三省其他地方跑过去炒房的，山东、河北、北京、天津等地趁“五一”小长假过去寻找投资机会的人也占了相当高的一部分比例。很显然，这部分人的目的不是购房自住，而是投机。

丹东的楼市并不具备价值快速兑现的可能性，而且大家期盼的房价暴涨基本上是不可能的。既然如此，被虚假的预期冲昏头脑而跑去投资就是一件风险很大的事情。

开发商大举进入的城市，可能才有投资和升值的氛围。前往丹东投资前，人们看看有多少一线开发商进入丹东，又有多少品牌开发商最近一年内在丹东拿了地，就大致可以判断出当地有没有楼市调整、升级的可能。这一招其实放在任何城市都适用。从房地产投资的角度来看，丹东并不算一个耀眼的城市。

指望在丹东楼市中大发横财的朋友请醒一醒，看看最近丹东的楼市热度有没有降下来？

海南楼市的短期下跌和长期美好

海南作为中国人投资的首选胜地，一直以来都在过热的旋涡中摇摆。

2018 年 4 月 13 日，中共中央总书记、国家主席习近平出席庆祝海南建省办经济特区 30 周年大会时发表了重要讲话。他指出，海南地理位置独特，拥有全国最好的生态环境，同时又是相对独立的地理单元，具有成为全国改革开放试验田的独特优势；国家将在九个方面支持海南全面深化改革开放。海南正式确定要建设自由贸易港，这是海南有史以来的第三次大利好，为其在未来数十年内成为全国楼市焦点地带奠定基础。

我梳理了领导人讲话中提到的会影响地产发展的几个方面。

· 在现代服务业方面，重点发展旅游、互联网、医疗健康、金融、会展等现代服务业。支持海南设立国际能源、航运、大宗商品、产权、股权、碳排放权等交易场所。

· 在旅游方面，加密海南直达全球主要客源地的国际航线。实施更加开放便利的离岛免税购物政策，实现离岛旅客全覆盖，推进全域旅游发展。

· 在科教方面，支持海南大学创建世界一流学科。鼓励国内外知名高校和研究机构在海南设立分支机构；鼓励海南引进境外优质教育资源；举办高水平中外合作办学机构和项目。

· 在人才方面，支持海南开展国际人才管理改革试点。允许外籍和港澳台地区技能人员按规定在海南就业、永久居留。允许在中国高校获得硕士及以上学位的优秀外国留学生在海南就业创业。

此外，海南也将探索发展竞猜型体育彩票和大型国际赛事即开彩票、赛马运动等。有没有想到澳门？

海南不再是以前的海南了。这里依然是度假天堂，但不会只是一个适合候鸟式旅居的地方了，它将成为一个值得长期停留和发展的重点区域。事实上，自从国内掀起“新移民潮”，不少中产阶层将这里作为长期居住地，而不只是在冬天过来住几个月或者在这里度过春节。海南未来更好的科教环境，将保证居住在这里的人享受很好的教育资源。海南省部分城市的 GDP 对房地产销售额依赖度过高的情况也将在未来有所改变。

在国家从几个方面支持海南全面深化改革开放的消息公布之

前，海南已经收紧房地产市场的口子。我们可以看到海南面临中国力度最大的楼市调控。

2017 年 3 月 9 日，三亚打响了限贷的第一枪，宣布购买二套房的首付最低为 50%，停止三套房贷款。同年 4 月 14 日，实施限购、限贷的范围扩大到整个海南省，非海南本省户籍居民限购一套房，二套房无贷款记录或房贷已结清的首付为 40%，房贷未结清的首付为 50%，暂停发放第三套及以上住房贷款，停止批准套型建筑面积在 100 平方米以下 (含 100 平方米) 的商品住宅建设。政策严格限制了买小户型、低总价房子的炒房机会。

到 2018 年，非海南省户籍居民家庭只能在海南购买 1 套房，并且首付比例不得低于 70%。在这里 , 房子不仅仅指普通商品住宅，还包括高档公寓、低层住宅和酒店式公寓、产权式酒店客房、保障性住房，含新房和二手房。

海南全省范围内所购房屋“自获得产权证之日起 5 年内”禁止转让，其中禁售 5 年的对象也包括拥有海南户籍的买房者。如果买房者在三亚、海口、琼海、五指山、保亭、琼中、白沙共 7 个市 (县) 购房，必须提供一名家庭成员“在海南省累计 60 个月”的社保证明或者个税证明 (后面 4 个城市还要求提交人才引进证明)。此外还有其他各种限制措施，比如，商品住宅在价格备案后，6 个月内不得调高备案价格，调整备案价格的须重新备案。

在梳理完一系列政策后，大家会发现，海南楼市可能会在短期内暴跌。但是，之前已经入手的买房者无须担心，海南楼市在长期内仍会划出一个健康上升的曲线，因为全中国再找不到像海南这种具备绝对竞争优势的度假胜地了。

未来的增量用地面临大调整，开发商投资海南的脚步和节奏也要相应地做出调整，原先拿的地要重新进行规划。

这次新政背后大有深意。很明显，海南有意实行总量控制，实现有序开发，对住宅用地的使用和规划非常严格。和全国其他地方一样，海南也在加紧实施租购并举的住房制度，希望发展租赁市场，而不只是让买房者在这里买新房、炒新房。从 2018 年起，海南每年下达租赁型住宅建设计划时，都明确租售比例。未来海南应该会坚持本省居民基本性需求由政府来保障，投资性需求靠制度来限制，省外享受性需求由市场来调节的原则。

另外，由于受到环保限令的影响，很多开发项目都停工或者被拆除了，何时停工、何时恢复没有定数。开发环境发生变化，开发商的损失难以计算。

海南对中国人来说意义非凡。优越的度假环境，全年适宜的温度，不受雾霾的影响，无须护照即可享受的海岛景色，使海南成为国人向往的度假、投资和移居天堂。其实，自从北方城市天气恶化之后，海南在中国楼市的地位已经全面提升。2018 年春节期间的“海南岛大堵车”让人们见识到了海南的火爆程度。政策意见一出台，这里的经济格局又会有新的变化。

我相信，在自由贸易港建设完成之后，海南将在未来迎接无限的美好。

14

地域与选择

北上广深的褪色

2018年有两个指标尤其值得大家关注，一个是购房利率调整，另一个是购房资格获取。北上广深作为中国经济最发达的一线城市，正全面抬高购房难度，并在与二三线城市楼市的比拼中逐渐失去部分优势和吸引力。

在大城市工作但买不起房的外地人，未来有可能放弃在大城市买房的想法，进而走上租房的道路，推动中央政府一直以来推行的租购并举制度的发展。

2018年，楼市调控并未放松，房贷利率继续上调。事实上从2017年开始，北上广深4个城市的房贷利率均出现大幅度上调。首套房贷利率上浮10%是主流。

一项监测数据显示，2018年4月，一线城市上海首套房贷平均利率最低，为5.13%，其余的依次为北京(5.36%)、深圳(5.46%)、广州(5.51%)；二套房贷平均利率从低到高分别为上海(5.53%)、深圳(5.74%)、北京(5.81%)和广州(5.84%)。与2017年同期对比，北京、上海、广州、深圳四地首套房贷平均利率分别上涨18.06%、15.28%、22.99%、22.70%。

房贷利率上涨一直都被认为是楼市调控的财政手段之一。限购政策没有发生变化时，贷款难度上升、贷款额度减少、批贷放贷放缓、贷款利率上涨都会大大影响楼市成交量和成交速度。其中，房贷利率每上涨一次，放大到未来25年、30年来看，给买房者增加的总成本都不容小觑。

相比之下，有些城市在公积金贷款方面做出让步。比如福建省龙岩市出台人才公积金政策，放宽了一、二、三类人才公积金最高贷款额度。

关于购房资格获取这个话题，不得不提在一些城市上演的“抢人”大战。从2017年开始，二线城市一直在向人才抛出橄榄枝，利用从落户到补贴等各种政策利好，吸引在北上广深犹豫不决的人才回归。最近的一个变化是，“抢人”政策逐步下沉至非重点城市，不再只是二线城市唱主角。比如，呼和浩特和南昌对中专以上学历的毕业生开放落户，并对人才给予一定补贴。芜湖同样针对硕士、本科、专科人才发放2万~12万元的安家费补助费。

二三线城市的这一波“抢人”热潮，让很多年轻人思考是留在北上广深继续奋斗，还是抓住这些政策利好，去往其他城市另作打算。所以，你怎么选？

返乡置业是一个好选择吗

每年春节，中国有数以亿计的外出务工人员返回家乡过年。过去人们讲究的是“有钱没钱，回家过年”，如今的流行语则是“年底不买房，一年又白忙”。那么一个非常现实的问题出现了：没能在北上广深一线城市买房子，马上回老家了，要不要在老家买一套房呢？

返乡置业是中国房地产市场催生的一种消费模式。2018 年，58 集团旗下安居客发布《2017~2018 返乡置业报告》调查显示，2017 年的返乡置业大省为江苏、广东和安徽。

2017 年，在新一线城市中，全国热门返乡置业城市的前 5 名城市分别是重庆、苏州、成都、武汉、南京；二线城市前 5 名分别是南通、合肥、徐州、泉州、温州；三线城市前 5 名分别是盐城、安庆、泰州、淮安、岳阳；四线城市前 5 名则是六安、黄冈、阜阳、商丘、梅州。

关于买房置业选在哪儿，安居客房产研究院的调查问卷显示，83% 的人希望家乡的房子总价能低于 100 万元，63% 的人希望选择三居室。对于计划购房时间，超半数的人在一年内有购房计划，其中，15% 的希望在 3 个月内完成购房，这个时间刚好与春节假期部分重合。

另外，一线城市返乡置业的人群迁移主要流向周边省市或省内其他地方，其中从北京返乡置业的前三名城市为保定、天津、石家庄；上海为南通、苏州、合肥；广州为佛山、湛江、汕头；深圳为惠州、梅州、汕头。而在新一线城市工作的“漂一族”返乡置业目的地则以省内迁移为主，春节期间热门返乡置业城市也多集中于城市周边。

到底是什么在推动返乡置业大潮？我总结了一下，主要有以下几点：一线城市房价太高，楼市又处于限购、限贷的状态，同时家乡房价低，当地楼市尚未有调控等限制因素；强二线、强三线城市的经济和文化产业崛起，楼市长期向好；高铁、城际铁路的开通与发展降低了往返难度；二三线楼市租赁市场崛起，空置率下降、投资回报率上升；家乡生活压力小；非一线城市掀起“抢人”大战，而且落户条件优越，还有购房补贴。

其实，返乡置业不一定要返回家乡，也包括返回家乡所在省份的优质城市。这些二线城市也因此会迎来人才、经济的双重发展机遇期。即使一线城市房价下降，买房难度仍然很大。相比之下，返乡置业的城市首付低、房贷利率低、批贷容易，而且房价有上涨空间，是一种值得买房者考虑的思路。

一个城市的房价是不是有支撑，能不能上涨，主要依赖人口的增量。影响人口流动的因素不仅有交通条件带来的空间的变化、就业机会的增加、经济的增长，以及新房和二手房供应量的比例，还有心理预期（包括宏观层面的一些金融政策和税收政策等）。对于返乡置业人群来说，老家是否能提供让年轻人留下来的土壤至关重要。如果老家房价低，也能给年轻人提供打拼事业和赚钱的希望，那么年轻人不妨换一种方式生活。退一步，海阔天空。

一个健康的社会，应该为奋斗的年轻人提供向上垂直流动的机会。回想过去，如果当年没有恢复高考，我不能参加高考，那就失去了唯一的垂直上升通道，更别提之后辗转各城市做生意积累财富的机会了。如今自由选择的权利交给你了，贫富是你自己努力的结果。中国最近 10 年最大的人才流动正在发生。人生就是这样，都得自己去折腾。回到家乡，大干一场吧！

三四线城市楼市走势

2018 年依然是三四线城市楼市大卖的年份。楼市大卖的意思就是：（1）三四线城市的楼市成交量高，（2）三四线城市房价相比一二线城市仍然大有竞争优势，（3）三四线城市的楼市存在投资价值。

首先，现在三四线的房价水平怎么样呢？三线城市平均房价从 2015 年年底的 6 740 元 / 平方米上涨到 2017 年年底的 8 335 元 / 平方米。虽然房价涨了，但对比一二线城市还是有优势。

国家统计局数据显示，从 2016 年年初至 2017 年年末，一二线城市商品房成交面积占比从 40% 下降到 32.6%，三四线城市商品房成交占比则对应上升了 7.4 个百分点。在土地市场中，三四线城市全国成交面积占比维持不变，但成交金额占比上升了 8 个百分点，地价增幅高于一二线城市。

如果你准备在三四线城市置业，不妨先看它的土地拍卖数据，溢价率比较高的三四线城市房价，大概率会继续上涨。

其次，各项利好支撑三四线城市的房价上涨，比如央行降准和银行延长房贷年限等。三四线城市楼市的改善型需求应该会继续爆发。

最后，棚改红利继续释放。哪里有棚改，哪里就有需求，棚改带来了充足的资金和住房需求。尤其在一些县城，去库存的压力不低，投资者可以看看是否适合出手。

2018 年—2020 年，我国将再改造各类棚户区 1 500 万套，2018 年开工 580 万套。这个数据很大，但棚改后人去哪儿呢？几乎就是房地产市场了。

从全国来看，截至 2018 年 3 月，全国商品房库存直逼 2014 年 9 月的库存 57 148 万平方米，创造了 43 个月以来新低。三四线城市新建商品住宅库存总量为 18 647 万平方米，二线城市的库存总量是 22 977 万平方米，差距仍然很大。

开发商现在大多在三四线城市大量拿地，因为一二线城市的地价太高。这么一来，房价上涨过快、库存偏少的三四线城市，补库存的空间大，存在不少的购房机会。不过我仍然要提醒大家，这一情况由政策驱动。我国有意给一二线城市的楼市降温，助推三四线城市的房价上涨。如果考虑政策周期，大家在花钱买房以后，要有勇气面对它无法长期上涨的可能。

不过，有一点是可以确定的。大量的王牌开发商借着这一波趋势进入三四线城市，给曾经的小地方带来了更好的品牌和产品化的设置，甚至是名牌物业服务，对提升三四线城市人民的生活品质大有帮助。

新一线城市

春节催热了返乡置业这个话题，三四线楼市再一次走到台前。但是，无论是一线城市的打拼者，还是五六线城市里希望再进一步的人来说，有一个新概念非常值得注意——新一线城市。

为什么新一线城市值得去？这里有几个数据分享给大家：新一线城市成为滴滴出行最大的新用户增长点，为滴滴出行 2017 年第四季度贡献了超过 1/4 的新用户；BOSS 直聘人才大数据平台发布的数据显示，2015 年—2017 年，工作首选城市为北上广深的 18~35 岁青年劳动者比例迅速下降，从 2015 年的 65.8% 下降至 2017 年年末的 46.5%；选择在新一线城市工作的青年劳动者比例直线上升，选择二三线城市的青年劳动者比例与 2015 年相比也翻倍。

为什么会发生这样的情况？必须承认的是，随着新一线城市集中出台人才吸引政策，包括放宽落户限制、给予创业支持和购房优惠、减免所得税、提供租购房补贴和医疗保障等，城市间“抢人”趋势越来越明显。北京、上海户籍难得，深圳房价太高，这给新一线城市创造了吸纳人才的机会。2017 年，杭州、武汉、成都、郑州、西安作为新一线城市表现出最高的人才吸引力，2018 年年初，离开北上广深 4 个城市的求职者中，有 35.5% 的人选择了这 5 座新一线城市。

更宽松的环境，有竞争力的工作和收入，户籍、税收、医疗等福利政策的倾斜，再加上城市本身的活力，新一线城市为大家置业增加了新的选项。下面，我从房地产角度为大家分析一下新一线城市的可选性。

· 全国超 20 个城市已接入公积金异地转移接续平台，其中包含大多数新一线城市，这使得人们返回家乡所在省的省会城市工作、落户及用公积金买房成为可能。

· 从 2017 年百城 GDP 走势来看，新一线城市与北上广深的差距逐步缩小，比如重庆 GDP 增长速度达到了 9.5%，居于新一线城市首位。新一线城市有造血功能，能够支持楼市的长远增长，投资风险远低于三四五线城市。大量人口涌入新一线城市带来人才和劳动力的同时，势必也将盘活当地的房屋租赁市场，并且可以以租养贷。

· 长租公寓概念在新一线城市非常流行。新一线城市的外来人口比例高，深受房地产企业的欢迎，长租公寓未来在这里大有可为。比如，房地产企业可以运用“城市带”思维，在环渤海城市群、长三角城市群、长江中游城市群、珠三角城市群和成渝城市群扩大长租公寓布局。房地产企业越来越偏爱新一线城市，对更新和升级新一线城市的楼市是好事。新一线城市处于上升期，也意味着更大的赢利空间。

· 年轻人爱去新一线城市，因为未来发展空间更大。大学生等高素质人群是人口流动的核心人群。从长远来看，落户等政策能够吸引这一群体的到来从而推动城市的全面发展，在短期内，落户等政策则会刺激购房需求的增加，推动房地产市场的发展。

· 新一线城市楼市发展状况喜人。2017 年新一线城市住宅用地成交金额在千亿元以上的城市有 5 个，其中杭州住宅用地成交金额最大，南京和武汉次之，其中武汉成交金额首次突破千亿元，达到 1 337.74 亿元，同比上涨 46.10%。2017 年成都土地成交金额同比上涨 100% 以上，土地市场成交额首次突破千亿元。2017 年新一线城市中土地楼面价在 5 000 元 / 平方米以上的有 5 个城市，杭州土地成交楼面价格排名第一，为 7 899.95 元 / 平方米，同比上涨 7.92%；成都和沈阳土地成交楼面价分别为 4 071.52 元 / 平方米和 3 386.29 元 / 平方米，同比涨幅均在 90% 以上。近 5 年内，新一线城市商品房销售面积在全国占比均在

20% 以上。新一线城市商品房销售金额在全国占比均在 25% 以上。

虽然新一线城市的楼市存在诸多利好，但也不是没有利空因素。比如，新一线城市首套房贷利率高于全国平均水准，这意味着新一线城市的购房成本并不低。此外，新一线城市的房价已经上涨了一轮，老家县城的首付和总价肯定不能与其同日而语。

2018 年，新一线城市的租赁市场迎来了长足发展。随着开发商过去一两年拿的地和“地王”① 入市，区域房价水平提高，新一线城市的租普遍上涨。此外，新一线城市棚户区进入改造区间，住房置换和升级的数量上升。受整体调控影响，2018 年新一线城市房价总体平稳，价格涨幅收窄或者回调。

即将大涨的城市坐标

2017 年 6 月 28 日，发改委等五部门出台了一份可能影响未来几十年中国楼市走向的文件——《关于促进市域（郊）铁路发展的指导意见》（以下简称《指导意见》）。只不过不少人没有意识到这份文件的重要性，可能因为它的名字太没有房地产气

① 地王，社会舆论对在房地产开发土地竞标活动中以巨额的资金拍得自己属意地块的中标单位的谐称。——编者注

息了。

这份文件由5家单位联合签署，分别是发改委、住建部、交通运输部、国家铁路局、中国铁路总公司。过往经验告诉我们，当住建部出手的时候，楼市变革往往已经在路上。

《指导意见》明确了对城市、郊区铁路的规划、建设、运营、投融资的要求：到2020年，京津冀、长江三角洲、珠江三角洲、长江中游、成渝等经济发达地区的超大、特大城市及具备条件的大城市，市域（郊）铁路骨干线路要基本形成，构建核心区至周边主要区域的1小时通勤圈；其余城市群和城镇化地区具备条件的城市启动市域（郊）铁路规划建设工作。

关注“房事夜话”音频课程的朋友们经常在后台留言问我：这个城市的房子可以买吗？那个城市的房子可以买吗？这些问题很空泛，不好回答。但是，有几个因素是房价涨跌的评判标准，而政策刺激以及交通通达性便是其中两项。

京津冀、珠三角和长三角发达城市群的交通一体化进程走得比较超前，城市群内的经济互联、人口互动也做得很好。这一次，《指导意见》重点提到了成渝和长江中游城市圈。也就是说，成都、重庆、武汉、南京、杭州这些二线城市以及周边城市圈，将有望发展成京津冀、珠三角、长三角城市群的状态。

北京、天津因为中国第一个高铁项目——京津城际，早就实现了半小时到达另一个城市的通达性。在深圳上班的人在广州买房很正常，在广州上班的人在佛山买房也不奇怪。昆山开通了一条直通上海虹桥的地铁，跨越上海、昆山朝九晚五上下班也成为可能。所以，城郊铁路的修建也将会给其他城市圈带来更多人口刺激和经济互联。如果这些强二线城市周边能实现1小时通勤，大家可以开始研究附近三四五线城市的楼市了。下一个天津武清和河北燕郊即将诞生。

《指导意见》还提到，新建线路要串联5万人及以上的城镇组团和旅游景点并设站，车站按照功能适应、设施简易、安全便捷的原则尽量设置于城镇中心，增强交通引导和提高客流聚集。列车的设计速度宜为100~160公里/小时，平均站间距原则上不小于3公里。所以，位于城市群周边方圆100~160公里范围内的小城镇，未来都有可能享受距离辐射红利。随着"铁路+地铁"体系的完善，一批中小城市将实现价值跨越——人口涌入，房价上涨，城市规模和档次都会上一个新台阶。比较值得关注的城市包括保定、廊坊、东莞、惠州、中山、江门、嘉兴、南通等。

很多人不喜欢听开发商的故事，希望多听关于买房决策的建议。但是事实上，了解开发商的决策和格局，对买房者判断一处房产值不值得购买有非常大的指导作用。参考2017年上半年中国各城市群房企拿地排行榜分析开发商的动作就是一个例子。从各城市群拿地金额来看，在京津冀一体化、雄安新区等政策红利的支持下，环渤海地区前10强房企拿地总价高达2 070亿元，首次超过长三角地区；长三角地区以其较高的成熟度和活跃度紧随其后，其前10强房企的拿地总价为1 966亿元；珠三角地区和中西部地区的前10强房企以1 203亿元和1 186亿元的拿地总价分列第三、第四位。

从城市群拿地情况来看，一二线热点城市溢出效应加速显现，中国前10强房企逐渐将目光投向了热点城市周边的三四线城市，而不是只在一二线城市拿地。环渤海城市群表现最好的是沧州、唐山、菏泽、潍坊，长三角城市群的优秀代表分别是徐州、嘉兴、滁州、阜阳。

这不仅仅是因为某一个开发商看好某个城市，而是一批开发商的集体判断。当房企资本一起涌入某二三四线城市，其带来的楼市规模发展效应不容小觑。这些都是有助于你做出判断的标准。

研究这份《指导意见》，不一定是为了买房，你还可以看看城郊铁路概念股。虽然楼市有门槛，但投资机会并不少。大家不要只把目光放在新房开盘价或二手房报价波动这种比较简单的维度。《新闻联播》就曾播出习近平总书记在河北安新主持雄安新区规划建设工作座谈会的画面，可又有多少人注意到，并察觉出这一规划对未来该地区楼市的影响呢？

15

投资与升级

当房奴，不如当岛主

有一篇报道说，华为员工抱怨深圳房价涨得太快，工作 10 年了还买不起房。众所周知，华为员工的工作压力巨大，但是华为员工的高工资，以及动辄几十个月薪资的年终奖，也着实令人羡慕不已。我本来也这么觉得。然而，记者的调查结果让我发现，在深圳房价的狂飙突进面前，原来华为人的压力也那么大。

这篇文章还说，华为高薪的老一代员工赶上了房价比较低的好时候，年底领完奖金就组团坐大巴去深圳的新小区团购房产。但是，后来的新人在高房价面前望而止步。华为每年会给员工涨 20% 左右的工资。一位在华为奋斗 10 年的员工，每年税前薪水可以拿到 60万~70 万元，再刨去个人所得税和日常开销，一年能攒 20 多万元。相比于深圳房价，这笔钱杯水车薪，更别提刚毕业入职的华为员工了。

华为是中国著名的制造业企业。如果连看上去最能赚钱的华为员都买不起房，我们是不是该思考一下：这个社会到底哪里出了问题呢？

中国的房价问题不是那么容易解释的。中国人的平均首次购房年龄是 27 岁，美国是 41 岁，但中国人均 GDP 是 1 万美元，美国差不多是 5 万美元。相比之下，中国的年轻人承受着更大的买房压力。

国内的房价确实很高，所以大家更得拥有良好的心态和全面的买房视角。买房投资和开公司一样，维持一家企业的运转并不容易，每一笔投资、每一次决策都考验其领导者的智慧，而买房者经历的每一个环节也极为考验人。

人生也好，事业也罢，大家要追求人生的丰富性和创造性。房价越高，我们越要打开思路，是不是还有别的选择？如果非买住房不可，关于在哪买房，买房者不要只着眼于自己工作的城市或家乡。关于买什么样的房，买房者也不要将眼光止于蜗居。

我简单算了一笔账——在深圳、北京、上海等一线城市购买一个厕所大小的房子的钱，在国外甚至能买一个岛。当岛主？这听上去是天方夜谭，但只要你敢想，说不定就能实现。

一些海外房产的价格比中国二线城市还低，岛屿的价格也相当诱人——20 万元人民币足以在美国买一个私人小岛。当人们痛苦于首付一两百万元只能在深圳买下又破又旧又小的房子时，那些总价低、风景秀丽的岛屿正向探索者和投资家招手。

在欧洲，可以购买的岛屿主要位于意大利及希腊，爱尔兰、西班牙、英国、法国及北欧周边也不少。加拿大东部、美国西海岸、加勒比海、中美洲的岛屿景色也很迷人。在澳大利亚、新西兰，在大西洋、印度洋的周边地区，无数私人小岛待价而沽。

在国外，岛屿可以为私人所有，也可以由国家占有。无论是私人所有还是国家所有，岛屿的价格一般都按市场模式设定。只要买卖双方价格谈妥就可以进行交易。

我从一个做岛屿生意的朋友那里了解到一些相关讯息。在国外买岛和在国内通过中介买二手房有点像，先找到岛屿买卖中介，告诉对方你的需求、能承受的总价和有意向的区域。对方在帮你圈定意向岛屿后，就会带你看岛。我们非常熟悉这套流程，但是大家不熟悉的是岛屿的价格。

买下一座风景秀丽的岛屿真的只要几十万元人民币吗？其实，国外的海岛并非有钱人专属，价值几十万元到几百万元、几千万元不等。你既可以买下一整个岛屿，也可以只购买岛上的一座山头，而一座山头也许只需要十几万元人民币。

岛屿除了买，还能租。租没经开发过的野生岛屿，一天可能才需要几千元人民币，环境好一点的、有配套设施的，可能一天要 1 万多元人民币。外国人在度假时，经常选择登岛游玩，因为这种休闲方式不但有趣，而且花销也不大。

一般来说，国外售价几百万元人民币的岛是最适合购买的。这类岛屿通常拥有不错的地理位置和完善的基础配套设施，使用权长达几十年，甚至更长。如果你有足够的钱进行岛屿的深度开发，就像给一套房子做精装修一样，让它变成理想中的样子，那么你之后转手给其他人也比较容易。

除了炒房，不少中国富豪已经开始在国外买岛了。在国外买岛能够享受到更好的税收待遇。有人说，即便买得起，但钱花到国外也不容易，而且一年过去住几天也不太现实。那么，还能怎么投资呢？你有更可行的选择，比如购买度假地产。

中国人的旅游、度假需求已经变成刚需。2016 年中国人出境游达到 1.22 亿人次；国内旅游人数则是早在 2015 年就破了 40 亿人次，2016 年继续而且这个数据在持续增长，2017 年差不多达到 45 亿人次，2018 年全年国内游客达 55.4 亿人次，出境游客 1.4 亿人次。

不是只有出国旅游才叫度假。从北京去北戴河过周末也叫度假，不仅距离近而且不需要像出国那样办理复杂的手续，这反而更有可能因为度假需求催生买房需求。

生活好起来以后，人们把投资置业和改善住房的需求结合起来，带火了度假地产。很多人处于一种看似自由其实不自由的状态：并非没有首付款，只是承受不住北上广深的高房价；并非没有假期，只是假期期间不想去热门景点感受人山人海。他们有逃离恶劣环境的诉求，但又不知道逃去哪里。随着交通越来越便捷，人们的置业思路也跟着打开，于是购买度假地产成为大城市工薪阶层一种新的选择。

买房然后顺便住下来，如候鸟般定期停留在那里，或者单纯投资度假地产赚上一笔，听上去都是不错的选择。重要的是，你能不能不受制于眼前的生活，看见火爆的旅游业发展前景。更重要的是，你要先搞懂度假地产是什么，有哪些分类，投资置业的陷阱在哪里以及回报率是否真的符合你的预期。

华为人的故事体现了当代大城市工薪阶层在高房价面前的无力感，但除了抱怨和更努力赚钱之外，抓紧全面了解房地产知识，也是让自己早日跳出置业黑洞的帮手。好好学习的心态加上行动力，是成事的基础。中国共产党在延安活动期间，展现了非凡的行动能力。延安历史博物馆中陈列了大量的外文书籍，说明中国共产党对外部信息的捕捉、对大趋势的学习和掌握是一如既往的，所以他们才具备建立伟大新中国的基础。

说了很多有关买岛、买度假地产的事情，好像我还是标榜人们要和房子关联在一起。其实我更看重的是对自由、对远行的初心。

我现在平均一年乘坐飞机 200 多次，每周都在一个新的地方。这些年，我去了世界各地，也去了中国绝大多数县城。年轻时总想走天下，现在看来，我已经走了一大半。

究竟我们为什么要研究和了解看起来和自己关系不大的事情呢？丰富的眼界终究会给生活开一扇不一样的窗。每一次，走得越远，看得越多，胆子才越大，人生才越丰富。

你的眼界，决定了你的人生高度，最终将影响你的选择。如果你准备做梦，不妨就做一个大点儿的梦。

度假地产购买攻略

亚布力论坛在中国有 20 多年的历史。每年的亚布力论坛，都在正月十五这天举办，一般都选在风景秀丽或者很有人文价值的度假景区。最近一次亚布力论坛安排在了黑龙江。

我一直觉得，亚布力论坛有三件事做得很好。一是打造“意见超市”，大家各抒己见；二是商业圈里的朋友几乎都会到场，创造了一个社交舞台；最重要的一点，在亚布力论坛期间，与会者还可以休闲度假。主办方每年选的地方都不错，与会者聊得畅快，住得舒服，玩得也开心。

中国人的度假出行数据每年都刷出历史新高。2016 年中国人出境游达 1.22 亿人次，同比增长 4.3%，出境旅游支出 2 610 亿美元，居世界第一。英国《金融时报》旗下的《投资参考》当年就曾预估，2017 年中国游客的出境支出将增长 11.8%。确实，中国在这一方面一直有新的突破。

去度假了，一些人马上就会想要不要在度假地买一套房。所以，越来越多的开发商关注到度假地产的开发。前几年，开发度假地产叫创新，这几年开发度假地产基本是房地产企业转型的标配。如果一家开发商放弃度假地产，证明它已经过时了。

2013年亚布力论坛期间，黄怒波到合肥参加会议，顺便在举办地附近的一个旅游景区签了开发合同。他开发的是高端休闲度假游地产，也有游艇俱乐部，还有特色演出，也就是现在所谓的IP（知识产权）开发。他的目的是吸引合肥当地和长三角地区的游客过去游玩、买房。项目推出以后，卖得很不错。易小迪在云南做的也是类似的生意。

想要买对度假地产，就要先了解度假地产。度假地产本质上属于房地产业，实际上是旅游产业，核心是“度假”而不是“地产”，其产品形式是“度假服务”，而不只是“房屋供应”。我这几年也做了一些以旅游为重心、提供产品服务的休闲度假养老项目，主要在中国台湾和泰国销售，自己也有一些感触。

我在台南运作的养老地产产品，最终会卖给中国大陆和台湾，以及东南亚国家的客户，不仅有养老的卖点，也有度假的标签。东南亚国家对于国外养老人士都给予较长的签证有效期，如果只批准十天半个月的旅游期限，那么就没有人愿意来。与东南亚国家相比，中国台湾对于养老人士在这方面的需求则缺乏足够的重视，所以我强烈呼吁台湾的旅游签注时长可以放开。

中国大陆的老龄化，是老人们在经济上有条件的老龄化，与以前不适应商业化养老的情形已经不一样了，所以保险公司推出大量的养老发展计划和项目。大陆公司会到台湾学习借鉴一些经验，于是台湾养老产品的新商机就出现了。

2011年，我在台湾运作自己的第一个养老需求项目，这个项目是我花时间最长的一个项目，也是试水的项目。事实证明，大陆客户非常喜欢。良好的合作伙伴让项目得以顺利完成。虽然台湾的旅游签注时长还没有放开，但是从长远来看，我们在台湾持续发展的养老项目很有市场。目前我在泰国发展的养老度假项目，一年也可以卖出 500 套。

如果你不准备走出国门，只准备在国内购房，就要给自己的度假需求进行细分：是周末型、蜜月型、访问型、环绕型，还是第二居所。根据度假目的，你可以选择如何投资度假地产。

都是为了散心，出去“玩 + 住”一个月是散心，出去三天也是散心。所以，时间是一个很好的区分维度。

周末型度假，可以是两天一晚，也可以是周五出发，三天两晚，目的地在 3 小时车程以内，每次消费水平基本固定。二星级或三星级度假村的自然风光和部分娱乐设施就能够满足客人的需求。一般来说，在这种度假模式下，客人的回头率比较低。周末型地产除非把项目做得很优秀，把交通时间极大地压缩（一般 1.5 小时之内），才有可能成为旅游者考虑的第一居所。

蜜月型度假，周期 3~7 天，主要针对国内中高端客源，合适的选择包括三星级以上度假酒店（不含三星级）、分时度假酒店、经济型家庭旅馆。

访问型度假的时间会长一点，可能是一周到一个月，目的地既可以是国内也可以是国外。对度假地产投资者来说，五星级度假酒店、产权酒店、度假公寓最适合购买。

环绕型度假指的是 30~180 天的居住周期，只聚焦国内和国际的高端市场，适合的产品有私家别墅、度假公寓。

这几年大家都在谈第二居所，第二居所指很长的居住周期，比如在海南有房产的北京人一年在海南住 180 天以上，生活、工作几乎都搬过去。第二居所有中端也有高端，投资者可以按需购买度假城市或大型度假区内的传统住宅。

地域作为另一个划分维度也指向不同的选择，是买在北方，还是买在南方；买在沿海地区，还是买在内陆地区；买在国内，还是买在国外。

这里我想重点说一下购买海外度假地产，因为它不仅涉及产权问题，更涉及资产保值和升值问题。韩国、泰国、马来西亚、新加坡、澳大利亚、新西兰及西欧、北美地区，近年来都有大量中国买房者的身影。

韩国法律规定，在济州岛投资 50 万美元以上购买休闲住宅公寓或别墅即可获得居住资格，连续居住 5 年以上就可以办理永久居住权。

葡萄牙、西班牙、塞浦路斯、希腊等欧洲国家实施鼓励外国人购买本国房产的同时获得所在国居民身份的移民政策。将房产、所在国绿卡与享受所在国国民同等福利待遇绑定，这种高附加值的政策正切合房地产投资者的需要，也为寻求全球资产配置的家庭提供了一条高性价比的途径。目前，葡萄牙、西班牙、塞浦路斯、希腊 4 国都可以实现一人申请，三代移民。很多欧洲国家的房地产不仅允许拥有永久产权，且无遗产税，值得考虑一下。

总之，在海外买房时买房者要注意以下几点。

首先，所购房产具有良好的财务、法律和物业状态。尽职调查目标房产的情况和寻找靠谱中介都很重要。

其次，信用良好的租户能够保证稳定的租金。如果房产所处地区拥有大量信用评分高的租户，那么未来就极有可能迎来品质良好的承租人。毕竟你每年可能只过去住几个月或者半年，除非你不打算招租户。

最后，也是最重要的一点是，选一套价格合适且有升值前景的度假地产。有些房子虽然不位于中心地带，但是入手成本低再加上其他一些利好，升值速度也不慢。

这些年，有一些海外房产配置平台推出“海外不动产产权共享投资产品”，即多个投资人可以共同持有一套完整房产的永久产权，每个投资人都拥有该房产的部分所有权。其实，买房者在国内购买度假地产也可以采用这种办法，毕竟每年住的时间不会过长。与亲戚合买、与朋友合买不仅可以降低首付压力，也可以愉快地享受度假时光。

分时度假也衍生于这种模式。这种度假方式把酒店或度假村的一间客房或一套旅游公寓的使用权分成若干个周次，按几年到几十年的期限，以会员制的方式一次性出售给客户，而会员享受每年到酒店或度假村住宿 7 天的待遇。你还可以通过交换服务系统把自己的客房使用权与其他会员的异地客房使用权进行交换，以较低的成本在国外以及全国各地畅游。

虽然很多有关度假、旅游的事情都不能脱离对房产的考虑，但是，住不住、住多久，都不应干涉到人们远行的初心。

当保险资本介入养老地产

中国人如今要么焦虑“小”的问题，比如小孩能不能上一所好学校，因而要提前买一个价格不菲的学区房；要么焦虑“老”的问题，比如如何给父母养老，如何给未来的自己养老。作为一个老龄化已经相当严重的国家来说，中国在养老方面的缺口和痛点非常明显。到 2053 年，中国 60 岁及以上的人口将达到 4.87 亿的峰值，占总人口的 34.9%。未来 20~30 年，正在看这本书的人都会面临养老的难题。

探讨养老地产的人不少，但真正了解养老地产的人并不是很多。20 世纪 90 年代流行的养老院已经过时，它已经不能代表整个养老产业的生态。

养老院在中国的衰败与它的供应数量远远不能满足养老需求有关。到 2014 年年底，中国每 1 000 名老年人拥有的养老床位只有 27.2 张，理想状态应该是 40 张左右。对老年人的照顾也不只是为其提供一个群居的老年宿舍，或者是简单地帮他们擦身、洗澡、做饭。另外，到 2030 年，中国失能老人人口将达到 6 800 万。到 21 世纪中叶，这个数字将接近 1 亿，而与失能老人相关的养老院似乎更不能满足需求。你我都不敢保证，再过多少年不会成为失能老人中的一员。

我发现，中国的养老产业正在进入一种新的发展状态。除了传统的开发商投资养老地产之外，保险公司最近几年也在中国的养老产业中跑马圈地，大有执牛耳之势。有人问，保险和养老地产有什么关系？从目前情形来分析，商业保险与养老业融合是大势所趋。

未来你住进一所养老公寓，不一定非要花费几百万元买下这座公寓，也不一定每个月以固定租金租下那个房子，更有可能的是你通过购买保险和金融信托产品享受完美的晚年生活。

这几年来，不断有保险公司通过建设养老社区的方式对接养老保险，进一步扩大公司的养老业务。中国的养老产业其实不是一个靠单方面的力量可以完成的创举，只指望开发商是不够的。养老服务体系的建设涉及千万家庭和数亿人口，而且保险机构具有参与养老服务体系建设的优势。

很多开发商以险资合作进行了养老社区的开发，或者选择自己单独开发。在这方面，大家熟知的保险公司有泰康保险、中国人寿，现在阳光保险及其他保险公司也都在逐步地跟进。

“保险 + 养老”社区的组合既经典又互补。保险有长期稳定的资金，保险产品和养老社区以及医疗护理服务相结合，拉长了产业链，每一个客户的消费成本和管理成本都被摊薄。

资料显示，保险公司目前的可用资金中约有 80% 是寿险资金，寿险资金中的 50% 是 20 年以上的长期资金，25% 是 5~20

年的中期资金，与养老地产的投资回收周期十分匹配。这也和日本的养老模式有很多相似之处。

日本政府在2000年正式推出了介护保险制度，目的是应对老龄化社会带来的社区医疗和护理问题，为老年人提供医疗和照顾服务。介护保险使日本老人得以以相对低廉的费用（个人仅承担10%），到市场上自由购买养老服务，一方面极大地提高了日本老年人的购买力，另一方面也带动越来越多的企业进入养老产业。

这个做法实际上就是让老年人以交保险费的方式入住养老机构。拿中国在这方面比较超前的泰康保险来说，泰康养老社区采取医养结合的模式，为本社区居民及周边社区居民提供医疗服务。入住“泰康之家”主要有两种方法。一种是购买泰康人寿“幸福有约”系列保险产品，同一投保人的投保金额必须超过200万元，才能获得入住泰康之家的资格。另一种方法则是花费20万元作为押金，再购买65万~200万元的乐太卡即可入住，入住后每位老人每个月还要交纳5 000元~15 000元不等的月费。

在现实中，养老产业均和保险产品、金融产品高度绑定。相比于保险公司，传统的房地产企业自己做养老产业并没有太大优势，它们既承受不了资金回流慢造成的低周转率，也不具备专业服务能力，甚至在医疗资源的搭建上也存在问题。

我认为，保险公司会是中国老龄人口解决晚年医养问题、乐享晚年生活的最好选择。在目前情况下，保险公司帮忙提供了一种全新的养老商业化方案。我们过去谈论养老问题时，都是传统思路，比如购买养老社区的房产，居家养老，或者把老人送到养老院去。

随着国民经济水平的提高、政府运营能力的增强，我们老了以后的生活会更有保障。这些年，中国不少企业都在尝试通过和保险公司合作的方法来推动“养老+康养”这样一种服务形式。

我在海棠湾（海南三亚）和中国人寿合作的国寿嘉园项目就是这种产品。老年人不仅可以通过购买公寓的方法，也可以通过购买保险产品、医疗照护的服务卡或其他相关的产品，获得既能付得起又能被照顾得很好的养老服务。

总之，商业化养老需要保险资金的介入，而保险资金又能带动地产及相关医疗资源的整合。对于未来拥有中高收入的人群来说，商业化养老是一种非常好的安享晚年的方式，值得大家期待。

房地产买卖的本质

大家觉得房地产企业是干什么的？

很多人会回答：卖房子的。但是很奇怪，在世界范围内，它的分类很不明确。拿《财富》500强排名来说，《财富》有时会把房地产企业放在建筑业，有时会把它放在服务业，有时还把它放在金融业。

实际上，房地产企业同时具备这三种属性，它既建造房子，又提供物业管理租赁、财富管理服务，同时它也提供金融性很强的投资产品。但是，如果要用一句话归纳，在行业内，我们大多认为：房地产是最具价值的、固定的人造空间。

是什么决定了房地产的空间价值呢？主要有 4 个要素。跟着这 4 个因素投资，你肯定能赚到钱，至少能享受到更多增量的地产服务。

第一要素仍然是房地产的位置。位置本身只是表面现象，实质是供求关系。经济学家常说，供求决定价格，而决定房地产供求关系的正是房产的位置。以上海外滩为例，这个地方的人流量大，需求多、供给少，所以价格就高。再看喜马拉雅山山脚，需求少、供给多，价格自然就低。

第二个要素是空间行为。一个空间的价格除了受位置的影响，还取决于人们在这个空间里的行为。不同行为带来不同的现金流量，而现金流量决定了租金水平，租金水平决定了物业价格。

我们经常研究与房地产相关的人类行为，就此发现了一个跟社会学非常相关且有趣的现象——在整个空间行为里面，从现金流的渠道来看，站着不如坐着，坐着不如躺着。比如吃饭，在饭店里坐着的人比站着的人更能产生现金流量。“坐”也有很多种形式，开会的现金流低，打牌的现金流高一点，吃饭的现金流介于两者之间。现金流量高，租赁者就愿意支付比较高的租金，物业也变得比较值钱。躺着比坐着还赚钱。大家知道，去桑拿馆、美容院和医院都很费钱。人死后躺在殡仪馆里面的费用更高。如果你有办法，那么去赚“躺着”生意的钱是不错的思路。

再比如说，我们开发商和医疗行业建立关系，并不是为了看病方便或是想改行。很多经济分析师没有注意到，而我们注意到的一点就是，医疗机构是我们最好的租客。写字楼的租客一般只租 1~3 年，但是医疗机构的租期都是 10 年以上，而且给的租金非常高。

第三个要素是技术。技术可以让房地产的功能变得更加便捷、安全，吸引更多的客户。我们最近讲的“互联网 +”概念，似乎挺复杂。关于这一点，我们可以拿电灯做个类比。100 多年以前，在刚发明电灯泡的时候，绝大部分餐馆和旅馆在晚上 6 点就会关门。这时候，如果有一家餐馆率先使用了灯泡，它的生意一定比别家好很多。第一，它可以 24 小时营业；第二，光照度均匀，让顾客觉得很舒适；第三，比起火，光看起来更有安全感。在这种情况下，该空间就吸引了更多人在这里地方消费、娱乐。营业时间的延长不仅带来了更大的客流量，经营收入也会随之增加。

一个空间如果能率先使用先进技术，比如提供 WiFi（无线通信技术）服务，使用新型建材，或者把房子楼层建得更高，降低单位面积的成本，那么它就能创造更多的流量。

人类现在已经致力于把房子建得越来越高，上海中心大厦高 600 米，迪拜塔高 880 米，卡塔尔的多哈、阿拉伯联合酋长国要建造 1 100 米的高楼。人类不断往高处建房子，实际上就是为了在降低单位成本的同时，向使用者提供更独特的体验。上海环球金融中心的观光收入远大于写字楼的租金收入，因为这个空间很特别，很多人每天排着队交费，只为了从高处看一眼上海。

第四个要素是管理。“9·11”事件之后，美国大型写字楼的安全问题受到更多关注，可是我们国内却并不是特别关注写字楼的安全规范。很多时候，只有当一些重大事件发生在我们身边时，我们才会意识到安全管理的重要性。

在“9·11”事件之后，官方公布了遇难人员的死亡原因——大部分遇难者是被熏死的。大楼的逃生梯没有窗户，所以一旦着火，楼梯间就像是一根烟囱，不断有烟雾向上涌。人往下跑，很容易在逃跑的途中窒息。再者，只有一个逃生梯，大家都堵在那里，没法行动。救援者和逃难者还会冲撞在一起，很多消防员在救援过程中因此被踩死。

我们现在有一些消防系统仍然是这样的。有一回，我住在某酒店 30 多层的一个房间，突然火警警报器响了。当时我就想，只要电梯没断电，我就走电梯。我觉得如果从逃生梯跑，火势一大，我就会被熏死。

在“9·11”事件之后，美国人是怎么改进的呢？很简单，他们先在逃生的楼道里加了气雾技术，一旦有烟出现，就会释放出强大的气压，阻挡烟的去向。逃生者可以趁此机会，做好防护措施再往下走。每隔几层都有一个气雾装置，充分保证逃生人员的安全。另外，他们把救人的通道和逃生的通道区分开来。这样的做法尽管会牺牲一些建筑面积，却使建筑的安全性更高。事实上，如果一个空间拥有一流的安全管理水平，就更容易吸引客户，房价也会随之升高。

我们回头来看，人类为什么会生活在这样的人造空间里呢？有本书叫《人类简史》，大体讲的是从宇宙大爆炸之后地球出现有机生物到直立行走的智人，最后演变出今天的人类的过程。学会直立行走之后的人类，起初身上有很多毛发。为了散热，他们慢慢进化，开始褪毛。褪毛后的人类很难忍受气候变化和刺痛，在这种情况下，他们开始寻找洞穴。

几千年以前，在如今的陕西，人们第一次把人造空间当成生存的地方——一开始是在树上，后来又转移到了窑洞。直到有了市场经济，每一个人造空间有了价值，才产生了现在的房地产行业。

在房地产行业进入后开发时代后，竞争方式变得和以前大不一样。在开发时代，竞争看规模、成本、速度。在经营时代，竞争要点从持有运营转移到运营和资产管理上来。在后开发时代，房子和大健康的密切关系，主要表现在医疗、健康、养老、康复领域。这些都是资本市场上非常重要的门类。

我分别举了一些例子，阐述在房地产行业发展过程中的转型方向和细分门类，希望对大家判断房地产未来趋势有所帮助。在转型大潮之中，开发商之间的竞争越激烈，提供的产品会越来越多样，大家无疑会拥有越来越多的选择，这是房地产转型时代的幸事。

地产行业有没有下一个风口

最近两年，中国楼市诞生了不少风口，先是特色小镇，后来是长租公寓，未来则有可能是物流地产、养老地产等。每次有新的风口诞生时，大家都会激动一阵。

这些新名词到底有没有“钱”途？普通人要不要出手？开发商多元化转型和普通人有多大关系？人们好像总是希望捕捉到一个热点，并且还要为一个新的热点找到投机的理由。

明确地说，我并不赞同每出来一个风口，人们就一窝蜂地去投资。房地产这个行业在地球上存在了几百年，在中国也发展了20多年。从整个世界经济发展情况来看，房地产行业不存在像互联网这种短期风口，它是随着GDP增长和城市化发展，在特定阶段出现的特定经济体。在人均GDP达到8 000美元之前，任何一个国家在发展的过程中，都会以快速开发和销售住宅为主。这一周期一般会持续15~20年，也就是说在人均GDP达到8 000美元以后，房地产开发的重点和经营的方向都会发生转移。

在人均GDP达到8 000美元之前的那些年，住宅开发相当于解决吃饭问题——一个人的吃饭问题、一个民族的吃饭问题、一个国家的吃饭问题。中国是拥有十几亿人口的大国，我们解决这个问题，自然要花很长时间。

那么人均 GDP 超过 8 000 美元以后，也就是未来 20 年，中国房地产发展一定会出现此消彼长的变化。住宅地产偃旗息鼓，购物中心、办公楼、写字楼、休闲度假酒店、养老住宅、物流仓储、医疗健康等几大类房地产产品始终存在，但是它们的回报率却有所不同。

在一个特定的阶段，我们会看到某一领域内此消彼长的变化。比如，在互联网出现以后，传统购物中心普遍地遇到了发展瓶颈，关门的数量越来越多，但是物流仓储，特别是智能型物流仓储的需求增加得很快，而且规模也越来越大。

这是不是意味着风口的改变呢？如果把风口理解为短期内爆发式的某种需求，我觉得任何一种类型的房地产投资或者开发模式的变化都不足以称为风口。房地产的不动产属性和投资建设的周期长决定了它的每一个变化都会在 5~10 年内体现出来，而不是在短期内爆发，更不用说马上形成风口了。

自然界的风在短时间内可以吹起来，但形成房地产开发的风口需要一个相对长的周期。以特色小镇建设为例，哪一个特色小镇能够在一两年内就建成？市场上出现的特色小镇项目，更多地是以小镇的名义做传统开发商的大盘项目。结果，有些住宅已经开始卖了，但是最重要的特色小镇产业 IP 没办法落地。

有人希望利用特色小镇项目圈钱，一不小心又陷入了一个悖论，因为建设小镇基础设施的前期投入也很大，产业引入也需要很多长期资本。如果政府批复拿地的条件是先做产业再做住宅开发，那么开发商不可能用特色小镇项目圈钱，相反得先搭进去一大笔钱，去做住宅开发之外的事情。结果，小镇项目不仅不能帮开发商生钱，反而要求开发商先投入很多钱，因为钓鱼的饵太贵了。

同样，各地的政府报告和政府金融机构市场都在谈长租公寓，所以长租公寓一时又被人说成是风口。这事实上也是一种误解。既然是长租公寓，它的回报周期必然很长，回报率也不如想象得那么高，而且需要更多资本支持。虽然它远景很好，但绝对不会产生暴利。

到底有没有所谓的风口？我认为，房地产行业只有不同阶段竞争力的变化和经营模式的变化。世界经验表明，进入后开发时代，房地产企业最核心的竞争力是具备“导演 + 制片”的能力，也就是运营能力和管理能力。

未来的中国会跟美国一样，在房地产领域并不存在某种短期内爆发的需求，让你投入资金两三年就能够赚得盆满钵满，而是长期处于一个后开发过程——从人均 GDP 8 000 美元到 3 万美元，甚至 5 万美元的过程。学生公寓、养老公寓等商业模式，始终挑战着每一个商用不动产的运营者和管理者。这是国外市场经过几百年洗礼给中国人带来的启发、教训与指引，我们必须相信这一点。

房地产行业和其他行业资本“快消品”的本质是不同的。我希望大家能够注意到房地产行业本身的特殊性，以及它的历史演进带给我们的重要启示。

人工智能时代的居住体验

从 1998 年到现在的 20 多年里，中国的房地产市场发展得非常快。2017 年，整个房地产市场的销售额达 20 万亿元，其中新房销售额 14 万亿元，二手房销售额 6 万亿元。在高速发展了 20 年后，房地产市场也迎接很多变化。行业内一直有一个判断：房地产行业已经进入后开发时代。

后开发时代和开发时代有什么分别呢？开发时代以单一产品——住宅为核心，开发商快速地买地、建设、销售、交付，从而实现资金回笼和利润率。开发时代的房地产企业竞争的是三件事：规模、成本、速度。所以我们能看到，开发公司在拿到地以后，基本上仅用 4 个月就开始卖房了。而在北京拿到一块地，最佳的卖房时间是拿地后的 18~22 个月，如果在此期间不清盘，利润率就受到影响。房地产企业在一线城市的竞争压力越来越大，开始不断地往三四线城市走。同时，房地产企业的规模也越来越大，有些房地产企业的销售规模已经超过 5 000 亿元。所以行业人士普遍认为，现阶段房地产市场已经收窄，已经准备进入后开发时代。

后开发时代的关键词是全产品线、全价值链、全商业模式。产品不再只是住宅，而是包括住宅在内所有的房地产产品，不仅有购物中心、写字楼、医院，甚至还包括监狱、政府公共设施、体育场所、学校等，这叫全产品线。全价值链是指从拿地或者从每一个项目开始，一直到最后的运营阶段，每个价值环节（建设、管理、财务安排、运营等）都成为开发商关注和创新的重点。

进入后开发时代，房地产和科技，特别是互联网以及我们日常可能接触到的技术等的联系越来越密切。关于房地产科技，我认为买房者需要关注以下几个方面。

首先是投资规模。2017 年，在与房地产科技相关的投融资活动规模方面，中国一共有 60 亿美元，美国大概有 200 亿美元。从规模上看，房地产科技肯定不是全世界增长最快的领域。很多人只注意到了 AR（增强现实技术）、VR（虚拟现实）、人工智能等，但是房地产科技也不容忽视。

很多我们熟悉的公司，比如说链家，就是运用房地产科技的杰出代表。链家通过互联网处理大量的信息，和每一个买房、租房的人建立连接，并为其提供服务。WeWork（总部位于纽约的众创空间）做联合办公产品，让我们在办公空间的使用上更加灵活，不再像过去那样简单地交付一整层的办公室。这些都是房地产和科技结合带来的变化，这个领域还有很大的增长空间。

其次是数据处理和智能家居。这两个领域也是房地产科技发展最快的方面。买房、卖房、租房都涉及海量的数据和信息。国外的一些平台，已经在房地产数据处理方面做出一定成绩，比如无论客户任何时间想买房或租房，不仅能够快速找到房源，而且能够实现在网上 360 度看房，看房之后还能快速估价。怎么估价呢？看一个房子周围（如 2 公里、10 公里内）发生过的交易情况。平台把交易的价格都呈现给客户，同时把税收和当地估价部门对这个房子的估价，以及房地产经纪人的建议等数据以最快的速度反馈给客户，这样客户就能非常快地做出判断，决定要不要买或者租这个房子。

目前，房地产行业跟互联网结合最重要的进步，发生在买房、租房时的大数据处理层面。美国已经有了这类上市互联网公司，中国目前还没有。中国主要由政府部门掌握估价。未来，在开始征收房地产税以后，中国也一定会有这样的公司出现。

在智能家居方面，房子和汽车一样已经成为互联网的终端。互联网科技产品已经进入到每一个家庭——在这个空间里，我们集合了所有的智能家电和互联网终端应用。在智能家居方面，出现了非常多的公司，这些公司能够用最快的方法让我们在室内体验和互联网、外部世界的联系。

最后是房地产科技的应用方面，即资产管理。现在我们的资产管理主要针对投资级物业。什么是投资级物业？比如北京的国贸三期。国贸一期、二期、三期项目存在了 30 年，一共 100 万平方米，价值 2 000 亿元以上，而且没有负债，所以叫投资级物业。我们知道，在中国，一个开发公司一年开发 100 多万平方米不是一件难事，但投资级物业涉及资产管理，比较复杂。资产管理分为硬件和软件——机电和设备等属于硬件，服务和租赁业务属于软件。

举个例子，我有一个在纽约的同事，他上班之余还和别人一起管理60多间房子，提供物业支持。我问他："你怎么能管得过来60多间房子呢？你有3个孩子，还要上班，每天事情那么多，忙得过来吗？"他说，"很简单，全部都在网上管。报修水管，客户租赁看房，交易等都可以在网上完成。"其实，他通过美国的一个网上资产管理平台操作系统，就能实现一个人同时管理60多间房子。所谓的不动产管理，实际上和科技有着非常大的关系。

在开发阶段，现在也有快速建房系统，即通过房地产和科技的结合完成建设。最近几年，我们投资了一家特别有意思的小公司，通过网络订制和建造房子。这家公司服务的客户对象在哪儿呢？不是在北京CBD，而是在富裕的农村地区。这些地区，有不少愿意花七八十万元盖房的农村青年。80后、90后两代人是在互联网发展的过程中成长起来的，所以他们也知道怎么用网络订制个人需求。订完以后，公司提供几百个可选择的图纸，然后客户选好图纸，在网上付定金，之后定制公司派人迅速地按照图纸把房子盖好。村里如果有一家房子盖得特别漂亮，其他人就会竞相模仿。这家公司叫易盖房——字面意思是很容易盖房，它的2018年年收入同比增长31倍多。

当然，现在房地产的投融资板块跟科技的结合也非常快速。最典型的结合是一种特别的物业形式——消费类的物业，比如酒店、服务公寓、餐厅、办公室等跟客户密切联系的不动产形式。

现在流行众筹，很多项目众筹的目的不完全是融资，而是跟客户建立连接。很多民宿、精品酒店、度假设施的投融资都使用了众筹的方式。投资人未来可以直接到自己参与众筹的场所去消费，并且在消费的过程中享受一定的优惠。这种“投资 + 消费”的模式巧妙地把客户联系在一起。

众所周知，人工智能、区块链等概念未来会渗透到很多行业，包括房地产行业。关于这些概念带来的变化和挑战，在房地产行业内讨论最多的大概有以下几个方面。

· 以后到底是聘请传统的保姆，还是使用保姆机器人？现在保姆机器人已经被开发出来，虽然有人比较在意机器人外形不亲切，无法与它们沟通，比如，如果机器人做错了事，你都没办法生气，否则你会发现自己很滑稽。但不得不说，保姆机器人技术的发展是对传统家政服务的挑战。甚至有人提议未来开发商卖房的时候直接配置一个机器人保姆。机器人保姆未来是不是房地产企业竞争的一个亮点，现在还在讨论之中。

· 可以用 VR、人工智能的方法看房吗？如果可以，我们在租房或者买房时就能提前了解室内空间布局，然后判断是不是满足自己的需求。

· 在制造领域，用 3D 打印技术盖房子的可操作性高吗？ 3D 打印技术的发展速度很快，但目前我们还不能借助它建设特别高层的楼房。一旦技术成熟，盖房子的速度会超乎想象，那时候的房地产行业又会有一番新光景。

· 过去最厉害的开发商坐直升机看地，现在看地可以用无人机，尤其是在考察度假地时。不同于人眼有限的观测范围，无人机的视距范围非常广。所以在看地、观景、模拟未来景观和销售方面，无人机的应用技术会越来越成熟。

·大数据的应用对于实现精准的资产管理也越来越有用。比如，我们通过地图搜索，就知道每天在一个商圈内活动的人群大体上处于什么年龄阶段，以及在什么时间该商圈的人流量最大。我们以这样的方式聚焦物业管理和租赁经营，在设计、建造购物中心和社区商铺的时候参考数据，从而实现更精准的定位。

·区块链技术方兴未艾，房地产行业最近就区块链技术也有很多讨论和研究。特别是在房地产金融服务方面，大家普遍认为区块链技术可以广泛应用于此。如果你有一个房产项目需要融资，不必通过现在的一套手续，而是通过智能合约拉拢一群人直接融资。这个也是我们在努力研究的一个方向。

总而言之，虽然房地产科技领域在过去一直被人忽视，但它的发展机会仍然存在。房地产进入后开发时代，全产品线、全价值链、全商业模式将拥抱所有高效实用的新兴科技，然后提供更好的空间体验和价值服务。

致　谢

本书根据“风马牛传媒”出品的音频课程“房事夜话”修订而成，特别感谢“风马牛传媒”团队及刘乾超女士对本书的贡献。

扫描二维码，关注公众号